Wilhelm Busch

Jesus – unsere Stärke

Wilhelm Busch

JESUS

UNSERE STÄRKE

Schulte & Gerth

Die Ansprachen „Begegnungen mit der Geheimen Staatspolizei"
wurden nach Tonbandaufnahmen vom „Offenen Abend"
Stuttgart aus den Jahren 1964 und 1965 aufgezeichnet.
Die Ansprachen über Psalm 34 erschienen früher unter dem Titel
„Meine Seele soll sich rühmen des Herrn"
im Verlag Schulte & Gerth.

Bestell-Nr. 15 203
ISBN 3-89437-203-6
1. Auflage Juni 1993
2. Auflage November 1993
Umschlaggestaltung: Olaf Johannson
Umschlagfoto: ZEFA
Satz: Typostudio Rücker & Schmidt, Langgöns
Druck und Verarbeitung: Ebner Ulm
Printed in Germany

Inhalt

Begegnungen mit der Geheimen Staatspolizei

Einleitende Worte des Vorsitzenden des „Offenen Abends“

Kürzlich schrieb mir Pfarrer Busch, ob junge Leute von heute sich überhaupt noch für Geschichten aus dem Dritten Reich interessieren würden. Ob er nicht vielmehr andere Erlebnisse aus seinem Leben erzählen solle, denn es sei auch außerhalb des Dritten Reichs so einiges bei ihm passiert. Wir sind dann bei diesem Thema geblieben, weil Vergangenheit nur dann bewältigt ist, wenn man an sie tippen kann, ohne zusammenzuzucken und vielleicht in Abwehrstellung zu gehen.

Hinter all dem Terror und den Schikanen, von denen Pfarrer Busch berichtet, stand eine geistige Auseinandersetzung. Lassen Sie mich das an einem Gedicht deutlich zu machen versuchen, das von einem Mann stammt, der jetzt noch (1964) in Spandau inhaftiert ist. Ich meine den früheren Reichsjugendführer Baldur von Schirach. In folgenden Zeilen himmelt er Adolf Hitler an:

Wir hörten oftmals deiner Stimme Klang
und lauschten stumm und falteten
die Hände,
da jedes Wort in unsere Seele drang.
Wir wissen alle, einmal kommt das Ende,
das uns befreien wird aus Not und Zwang.
Was ist ein Jahr der Zeitenwende?
Was ist da ein Gesetz, das hemmen will?
Der reine Glaube, den du uns gegeben,
durchpulst bestimmend unser junges
Leben.
Mein Führer, du allein bist Weg und Ziel.

Als ich das meinem 13jährigen Sohn vorlas und fragte: „Wer ist wohl damit gemeint?" antwortete er: „der Herr Jesus". Diejenigen, die in dem Führer, wie oben erwähnt, Weg und Ziel sahen, mußten diejenigen hassen, die Jesus Christus als Weg und Ziel erfuhren. Davon werden wir jetzt erfahren.

Erste Ansprache

Ehe ich zum Eigentlichen komme, möchte ich zwei ziemlich ausführliche Vorbemerkungen machen. Ich darf Ihnen sagen, daß ich die Zeit des Dritten Reiches bewußt als Christ erlebt habe. Das Wort *Christ* sagt Ihnen vielleicht nicht viel. Da kann man alles mögliche darunter verstehen. „Was man nicht definieren kann, das sieht man heut' als christlich an".

Irgendwann in meinem Leben – als junger Mann – bin ich auf Jesus gestoßen, wie man mit einem Auto gegen eine Mauer fährt – so, daß ich nicht mehr ausweichen konnte. Dieser Jesus, der am Kreuz für die ganze Menschheit gestorben ist, wurde mein Herr. Dadurch wurde mein Leben vollständig verändert. Ich war jetzt geschieden von denen, die ihn nicht kennen. Die Zeit des Dritten Reiches habe ich als Jünger Jesu Christi erlebt. Das wird meine Ausführungen bestimmen.

Ich fühle mich verpflichtet, Ihnen das von vornherein zu sagen, denn es ist heute üblich geworden, daß man mit irgendeinem Thema anfängt und dann heimlich am Schluß den christlichen Glauben erwähnt. Ich habe das nicht so gern, darum lege ich es gleich zu Anfang auf den Tisch: ich bin ein Jesus-Jünger und wünschte, Sie würden es alle!

Die zweite Vorbemerkung: Es ist eine große Gefahr, wenn man von sich selbst und seinen Erfahrungen und Erlebnissen berichtet, daß es so aussieht, als wolle man sich rechtfertigen: ich habe mich einigermaßen anständig durchgebracht! Deshalb möchte ich dazu eine Bemerkung machen.

Rolf Hochhuth war ein junger Lektor beim Bertelsmann-Verlag, der ein Schauspiel geschrieben hat „Der Stellvertreter". Mit diesem Stellvertreter ist der Stellvertreter Gottes, der Papst, gemeint. Dieses Schauspiel behandelt ein großes Thema, nämlich: Die Kirche hat geschwiegen, als vor ihren Augen Juden abtransportiert wurden nach Auschwitz. Der letzte Akt ist grauenvoll. Er spielt in Auschwitz an den Verbrennungsöfen. Das Feuer dieser Öfen überlodert den ganzen 5. Akt. Der Papst wußte von dieser Tragödie. Er konnte aus seinem Fenster sehen und beobachten, wie die Juden verhaftet wurden.

Die katholische Kirche hat in vielen Städten gewaltig gegen diese Aufführung demonstriert. Ich bedaure diese Tatsache aufs tiefste. Das muß die unintelligente Schicht des Katholizismus gewesen sein. Denn es ist ganz offenbar, daß Hochhuth sagen wollte: Nicht nur der Papst, sondern die Kirche hat geschwiegen, als die Juden vor euren Augen in die Verbrennungsöfen abtransportiert wurden! Und als einer, der diese Zeit damals miterlebt hat, kann ich nur sagen: diese Anklage gegen unsere Generation ist berechtigt. Statt dagegen zu demonstrieren, hielte ich es für viel richtiger, wenn die Kirchen zugäben: „Jawohl, wir haben schrecklich versagt!“ Wenn ich geschrien hätte, wie ich heute weiß, daß ich hätte schreien sollen, stände ich jetzt nicht hier, sondern wäre in Plötzensee hingerichtet worden. Und wenn Ihnen jemand meiner Generation sagt: „Ich habe nichts gewußt, ich bin unschuldig!“, dann glauben Sie ihm das nicht! Hier liegt die Schuld meiner Generation.

Das möchte ich gleich zu Anfang festhalten. Prof. Gollwitzer sagte einmal: „Es ist schrecklich, daß alles sich rechtfertigen will wie in einem Prozeß.“ Er drückt es sehr bitter aus: „In der Selbstrechtfertigung ist die Einigung der Kirchen schon vollzogen.“

Nun, ich gehöre zu dieser Kirche. Wir waren damit beschäftigt, unsere kleinen Aufgaben zu retten. Wir waren so gefangen vom Getümmel des Tages, daß wir nicht wußten, wie wir sie ausführen sollten. Gewiß, wir haben da und dort Juden gerettet und versteckt, das hat der Papst auch getan. Wie schwierig das war, mag Ihnen ein kleines Beispiel zeigen:

Ein Augenarzt aus Essen sollte nach Amerika bzw. zuerst in die Schweiz auswandern. Dabei gab es immer ein Hickhack mit den Behörden, ob solche Leute ihr Vermögen mitnehmen könnten oder nicht. Die Schweizer wollen das Geld nicht in ihr Land lassen. In dieser Angelegenheit war ich damals in der Schweiz und rief vom Zürcher Hauptbahnhof, von einer öffentlichen Fernsprechzelle, aus die Vermittlungsstelle an, die Juden aus Deutschland herauslotste. Sie hatte ihren Sitz in Zürich-Oerlikon. Ich sagte am Telefon: „Sie müssen Dr. Eckberg umgehend rausholen. Er ist in allerhöchster Gefahr! Auch wenn er sein Vermögen nicht mitnehmen kann." Es ist gelungen, aber ein halbes Jahr später legte mir die Staatspolizei dieses Gespräch wörtlich auf den Tisch, das ich in Zürich von einer öffentlichen Fernsprechstelle aus mit dieser Judenvermittlungsstelle in Oerlikon geführt hatte. Sie haben in der Schweiz Telefongespräche abgehört!

Natürlich haben wir da und dort etwas unternommen, um den Juden zu helfen. Aber wir haben nicht geschrien, wie wir hätten schreien sollen: „Hier ist millionenfacher Mord!" Und das ist Schuld. Wenn ich von meinen kleinen Erlebnissen erzähle, dann ist das wie eine Klammer, vor der ein Minuszeichen steht. Wie ein Mensch meiner Generation leben kann ohne Vergebung der Sünden ist mir rätselhaft! Aber ich möchte auch sagen: Wie ein Mensch Ihrer Generation leben kann ohne Vergebung der Sünden ist mir genauso rätselhaft. Denn Schuld ist immer Schuld vor Gott, nicht vor einem menschlichen Gericht.

Doch nun komme ich zum Eigentlichen:

Meine Begegnung mit der Geheimen Staatspolizei. Ich kam natürlich in lebhafte Berührung mit der Gestapo, weil ich Jugendpfarrer in Essen war.

Dort hatte ich ein großes Clubhaus, in dem Hunderte von jungen Burschen zwischen 14 und 20 Jahren sich versammelten. Das Haus wurde nach dem Krieg wieder aufgebaut, und die Arbeit blüht heute noch. Es heißt nach dem Gründer der Arbeit „Weigle-Haus“ und liegt direkt beim Hauptbahnhof.

Sonntag nachmittags kamen meist 700 bis 800 junge Burschen, um Gottes Wort zu hören. Wir hatten ein großes Rahmenprogramm, aber es gab keinen, der nicht in den ersten drei Minuten erfuhr, daß wir überzeugt sind: ein Leben ohne Jesus ist kein Leben, sondern Tod!

Eine solche Arbeit erregte natürlich Anstoß. Die Nazis sagten: „Wenn ein Pfarrer einen Mütterchen-Verein hat, laß ihn machen! Das stirbt aus!“ Aber hier versammelten sich Hunderte von jungen Burschen – das war übel in ihren Augen.

Im ersten Jahr war die Staatspolizei noch nicht richtig ausgebaut. Damals hatte sie ein Mann übernommen, der hieß Diehls. Er hatte ein interessantes Buch geschrieben „Hitler ante portas“. Zu jener Zeit wußten die Nazis selbst noch nicht, wie weit sie mit dem Brechen des Rechts gehen konnten – wie weit es sich ein Volk gefallen ließ, daß die Regierung ein wenig außerhalb der Legalität operiert. Wenn Sie die Zeitung lesen, haben Sie meine Anspielung verstanden.

Damals also, als wir mit der Staatspolizei noch gar nichts zu tun hatten, kam es schon zu gefährlichen Reibungen zwischen meiner Arbeit und der Partei. Trotzdem – wir waren noch zugelassen, und es gab eigentlich keinen Grund für Reibungen, aber sie waren da. Wie kam es dazu? Sie entstanden an der Grundfrage der damaligen Zeit: Wer hat eigentlich über unser Gewissen zu verfügen? Die jungen Burschen, die in mein Jugendhaus kamen, waren gelehrt worden, daß unser Gewissen an Gottes Wort gebunden werden muß. Luther sagte auf dem Reichstag zu Worms: „Mein Gewissen ist gefangen in Gottes Wort!" Lassen Sie mich das ausführlich erklären!

Jeder Mensch hat ein Gewissen – jeder; das heißt, wir wissen alle, daß es Gutes und Böses gibt. Aber wer bestimmt denn, was gut und böse ist? Nach welchem Herrn richten Sie sich? Wer verfügt über Ihr Gewissen? Die öffentliche Meinung oder Ihre Arbeitskollegen, etwa in sexuellen Fragen oder im Umgang mit Geld, oder mit der Wahrheit, mit Lügen? Wer hat denn da zu sagen, was gut und böse ist? Meine jungen Kerls hatten gelernt: der Herr Jesus muß über mein Gewissen verfügen!

Doch nun kam der Staat mit der Partei der Nationalsozialisten und behaupteten: „*Wir* sagen, was gut und was böse ist!" So war gleich von Anfang an der Griff ins Innerste des Menschen festzustellen. Die Partei bestimmt, was gut ist. Das führte ganz praktisch zu Reibungen. Meine jungen Burschen gingen sonntagmorgens in die Kirche, denn es ist ein Gebot Gottes: „Du sollst den Feiertag heiligen". Ich hatte ihnen gesagt: „Ihr braucht nicht in meinen Jugendkreis zu kommen, das ist kein Gebot Gottes. Aber daß ihr in die Kirche geht, das ist Gottes Gebot!" Und deshalb gingen sie. Aber nun setzte die Schule etwa Sonntag morgens um 8 Uhr einen Marsch an mit der Hitlerjugend. Da standen die jungen Burschen und erklärten: „Wir gehen in die Kirche!"

„Unsinn! Das ist Dienst für den Führer!"

Manch armer Oberstudienrat, der selber nicht durchblickte, wie die ganze Sache lief, raufte sich seine spärlichen Haare, weil er nicht recht wußte, wie er hier entscheiden sollte. Es hat mich damals ungemein gepackt, wie meine jungen Burschen an solch kleinen Fragen schon begriffen: Man muß von Anfang an Gott gehorsam sein!

Oder etwa im Schullandheim. Da übernahm die Hitlerjugend sofort die äußere Gestaltung. Damals gab es ein Tischgebet, das lautete so: „Lieber Herr Jesus, bleib uns fern, wir essen ohne dich ganz gern. Amen." Das war das Tischgebet der Hitlerjugend. Wie sollten sich da meine jungen Burschen verhalten? Sie standen da und dort auf und erklärten: „Erlaubt, wir kommen nach diesem Tischgebet! Wir hören uns diese Lästerung nicht an!“ – „Das ist Dienst, daß ihr hier seid!“ hieß es dann.

In solchen Situationen kam es sofort zum Konflikt. Ich könnte hundert ähnliche Begebenheiten erzählen, aber das würde zu weit führen.

Sind wir heute eigentlich aus solchen Situationen heraus? Begegnen wir nicht im ganzen Leben immer wieder dem Problem, daß auf der einen Seite das Gebot Gottes steht und auf der anderen die öffentliche Meinung oder der Zeitgeist? Wem wollen Sie Ihr Gewissen anvertrauen? Darüber müssen Sie sich im klaren sein. Deshalb frage ich: Kann ein Mensch leben ohne Gott? Ich weiß, daß Gott sehr „unerkennbar“ ist. Aber Er hat den Himmel zerrissen und ist in Jesus zu uns gekommen. Dieser Jesus ist die größte „dynamis“, die größte Gewalt dieser Erde. Er ist am Kreuz für uns gestorben, ist von den Toten auferstanden. Er ist unter uns. Dem habe ich mein Gewissen gegeben, der darf mich beherrschen.

Sie müssen sich entscheiden, wen Sie über Ihr Gewissen verfügen lassen. Wenn mir jemand sagt: „Ich weiß alleine, was gut und böse ist!“ sage ich: „Sie sind ein Narr! Es verfügt jemand über unser Gewissen.“

So entstanden also die ersten großen Konflikte an der Frage nach dem Gewissen. Und die zweite Lektion, die wir im ersten Jahr lernten, war, wie unvorbereitet wir auf eine solche Zeit waren. Wir waren völlig hilflos und wußten nicht, was eigentlich zu tun war. Ich will Ihnen einiges davon erzählen.

Es war Anfang des Jahres 1934. Damals war es in Essen Mode geworden, daß die Hitlerjugend, der damals alle jungen Leute angehörten, ab und zu nachts irgendein Jugendheim überfiel, ein katholisches oder evangelisches, und es besetzte. Dann konnten die armen Besitzer erst einmal einen Prozeß anstrengen. Kein Richter wagte aber, diesen Prozeß zu Ende zu führen. Die Sache wurde verschleppt. Aber man war sein Jugendhaus los!

Das war nun dreimal passiert mit einem evangelischen und zwei katholischen Häusern. Ich hatte im Zentrum von Essen mein großes Clubhaus. Das wäre ein ideales Haus für die Gebietsführung gewesen. Darüber war ich mir im klaren. „Wenn das also jetzt Mode wird, daß man einfach Häuser besetzt, dann muß ich meine Wahl treffen“, sagte ich mir. Ich habe die Wahl getroffen. Ich rief etwa hundert junge Männer von 18 an aufwärts zusammen und fragte sie: „Kinder, wollen wir das Haus kampflos abgeben?“ – „Tun wir nicht!“ lautete ihre Antwort.

Dann haben wir eine Wache eingerichtet. Alte Sofas und Matratzen wurden erbettelt. Die Burschen bewaffneten sich heimlich mit Schlagringen, Gummischläuchen und ähnlichem. Ich staunte, was sie alles an Waffen auftrieben. Umschichtig wachten sie. Wenn die höheren Schüler in die Schule mußten, kamen die Studenten. Es waren immer welche da, hauptsächlich nachts, meist etwa fünfzig Mann, die abwechselnd schliefen und Wache hielten.

Und dann, eines Nachts, geht die Geschichte los. Ich werde vom Weigle-Haus angerufen: „Pastor Busch, hier ist so eine Unruhe ums Haus!" Ich sause hin, und richtig – in den Straßen ringsum sieht man, wie die Hitlerjugend sich in Scharen versammelt. Überall Geflüster, Gemunkel – die kannten mich ja. Ich war bekannt wie ein bunter Hund! Sofort rannte ich aufs Polizeirevier und meldete: „Hier ist eine Unordnung im Gange. Drei Häuser sind schon besetzt worden! Ich bitte die Polizei, jetzt einzugreifen und uns zu schützen!"

„Ja, ja, wir werden sehen!"

Eine halbe Stunde später hatte sich eine große Schar Hitlerjugend gesammelt, aber die Polizei rührte sich nicht. Ich ging also nochmals hin. Da rief mich ein Polizeioffizier in sein Büro und erklärte mir: „Wir wollen Ihnen ganz offen sagen: Wenn die Hitlerjugend Ihr Haus besetzt, greifen wir nicht ein! Verstehen Sie das? Wir können nicht eingreifen!"

Ich erwiderte: „Ich danke, weiter wollte ich gar nichts wissen. Greifen Sie wirklich nicht ein?"

„Es tut uns furchtbar leid, Herr Pfarrer. Wir schätzen Sie. Aber Sie müssen verstehen: wir greifen nicht ein!"

Ich wiederhole: „Ich will ja gar nichts weiter, als daß Sie nicht eingreifen! Auf Wiedersehen!"

Doch dann griff die Hitlerjugend an. Es wurde eine richtige Schlacht geschlagen! Ich hatte meinen Jungs gesagt: „Wenn schon, denn schon! Ich übernehme es, wenn ein paar im Krankenhaus landen. Das ist mir ganz egal!"

Es wurde schauerlich. Die Hitlerjugend nahm Reißaus, sie hatten ja mit keinem Widerstand gerechnet. Das war Anfang 1934. Die Burschen rannten zum nahen Bahnhof, und als die Bevölkerung am Bahnhof sah, was vor sich ging, daß die Hitlerjugend verhauen wurde, machten stabile Männer mit. „Nichts wie drauf gegen die Hitlerjugend!" sagten sie sich.

Am nächsten Morgen in aller Frühe war ich beim Polizeipräsidenten. Da ich nebenher Standortpfarrer für die Polizei war, kannte ich ihn. Punkt 8 Uhr war ich dort.

„Herr Pfarrer?"

„Herr Polizeipräsident, eine Frage. Antworten Sie mit ja oder nein! Wenn die Polizei die Bürger nicht mehr schützt, dann haben wir das Recht, uns selbst zu schützen – so wie in Texas!"

„Wieso? Wie meinen Sie das?"

„Wenn jemand mein Haus überfällt, kann ich

entweder die Polizei anrufen, daß sie eingreift, oder – wenn die Polizei sagt: Wir tun nichts! dann greife ich doch selbst ein, oder nicht?"

„Ja, ich verstehe nicht recht ..."

In dem Augenblick geht die Tür auf, und es wird ihm ein Bericht gebracht von den Vorgängen in der Nacht. Er liest und lacht sich halbtot. Dann sagt er:

„Wenn das Schule macht, haben wir einen Bürgerkrieg!"

„Ich garantiere Ihnen, daß Sie einen Bürgerkrieg bekommen! Das ist der Anfang vom Bürgerkrieg, wenn das Recht nichts mehr gilt und wir uns selbst schützen müssen!"

„Das geht nicht! Wir werden von jetzt ab ..."

Natürlich wurde das Recht weiter gebrochen. Aber mir graute selbst vor den Konsequenzen. Das war tatsächlich ein Bürgerkrieg im Wasserglas!

Zu jener Zeit erschien ein Buch von einem Mann, den ich unendlich schätze, den ich aber damals noch nicht kannte, Dr. Jambon. Er war Pfarrer der französisch-reformierten Gemeinde in Berlin. Jetzt lebt er in Zürich und ist mir ein lieber Freund geworden. Dr. Jambon hatte sich hingesetzt – er ist ein großer Kenner der Geschichte – und hatte ein Buch geschrieben über die Geschichte der französischen Hugenotten. Ich weiß nicht, ob Sie eine Ahnung davon haben, daß die französischen Hugenotten eine grauenvolle Verfolgung durchleiden mußten. Die haben alles durchexerziert: Widerstand, Leiden, Flucht und Tod. Die Frage „Christenheit und Staat" ist im französischen Protestantismus auf alle Spielarten durchexerziert worden. Und die Hugenotten haben gelernt, daß die Gewalt nicht von Gott ist. Unter Tränen haben sie das gelernt. Jünger Jesu können Lämmer sein, die geschlachtet werden, aber sie haben keine Schwerter.

In unseren Jugendkreisen wurde dieses Buch studiert. Es stand kein Wort von der Gegenwart darin, aber hier sahen wir auf einmal, was zu tun war. Wir begriffen was es heißt, wenn im Neuen Testament steht: „Wir sind geachtet wie Schlachtschafe", und „Hier ist Geduld und Glaube der Heiligen". Diese Sätze sagen Ihnen vielleicht nichts. Aber wir begriffen auf einmal, was das bedeutet: Ich stelle mich hin und lass' mich schlagen und beschimpfen! Das ist der Weg Jesu, wie Er nach Golgatha ging. Unser Weg mit dem Verhauen war verkehrt!

Das war eine schmerzliche Lektion. Doch dabei lernten wir, wirklich Ernst zu machen mit dem Mann, der auf Golgatha starb – wenn es um solch existentielle Entscheidungen geht. Da saß ich also mit meinen jungen Schlossern, und wir begriffen, was es bedeutet: dem Heiland nachfolgen. Ja, ich möchte Ihnen sagen: das Christentum ist kein Kinderspiel! Aber es lohnt sich, diesem Jesus nachzufolgen.

Wir waren so maßlos hilflos und mußten selbst erst lernen. Schließlich haben wir einen Beschluß gefaßt – das möchte ich zwischendurch erwähnen. Goebbels war der Propaganda-Minister, der die Herausgabe von Büchern genehmigte. Er hatte jenes Buch von Dr. Jambon genehmigt, weil er sich sagte: „So ein Geschichtsbuch von anno dazumal, das liest ja doch keiner!" Doch als dieses Buch in einem halben Jahr die 3. Auflage erfuhr, sagten sich die Nazis: „Weiß der Kuckuck, was mit diesem Buch los ist! Wir verbieten es mal für alle Fälle. Aber warum das so läuft, das kapieren wir nicht!"

Nein, das kapierten sie auch nicht. Sie begriffen nicht, daß man aus der Geschichte lernen sollte. Die Nazis meinten, mit ihnen finge die Weltgeschichte an. Die Jahrtausende vorher waren alle nichts. Und es ist das Bedrückende bei der heutigen Generation, daß sie so entsetzlich geschichtslos lebt. Man geht aber vor die Hunde, wenn man nicht weiß, was vor uns war.

Wir haben also folgenden Beschluß gefaßt: Wir werden uns nicht mehr wehren! Wir wollen auch bereit sein, ins Gefängnis zu gehen. Aber unser Recht werden wir bis an die äußerste Grenze ausnützen. Dabei passierten interessante Geschichten. Eine davon möchte ich erzählen:

Es war zum Beispiel unklar, ob wir Bibelfreizeiten halten dürften oder nicht. Die Nazis gingen so weit, daß sie der evangelischen Jugend allerlei verboten: Wir durften nicht die gleiche Tracht tragen, keine Schulterriemen, keine Fahrtenmesser haben, wir durften nicht Sport treiben, nicht schwimmen. Sie untersuchten tatsächlich, ob wir Badehosen bei uns hatten! Einmal habe ich erlebt, daß sie die Burschen antreten ließen und aufschrieben, wie viele weiße Hemden und wie viele blaue Hemden trugen.

Auf einmal war alles verboten, und wir fragten: Was ist denn überhaupt noch erlaubt? Freizeiten sind verboten. Natürlich legten wir es darauf an, nicht zu auffallend an die Öffentlichkeit zu gehen. Ich schickte also zwei Mann los, die fanden im Fichtelgebirge einen einsamen Berg in 1000 m Höhe. Dort konnten wir ein paar Zelte aufschlagen mit 40 oder 50 Gymnasiasten.

Als wir ankamen, hörten wir, daß in der Nähe ein großes Hitlerjugendlager sei. Das war natürlich peinlich, denn die machten sich immer eine Ehre daraus, uns Schwierigkeiten zu bereiten. Und die Polizei war ängstlich genug, ihnen zu helfen. Wir brachen also unsere Zelte ab und wohnten in einer kleinen Scheune, einer Baude, so nennt man das dort oben, ein Asthaus. In das Gasthaus nebenan hatten sie einen Wirt gesetzt, der ein alter Nazi war. In irgendeiner Saalschlacht hatte er einen Bierseidel auf den Kopf bekommen, dabei waren einige graue Zellen zerstört worden. Er war also nicht so hundertprozentig dabei. Dieser Mann war unser Wirt dort oben, ein Urbayer. Wir haben uns bald angefreundet. Er sagte: „Pastor Busch, wenn Ihnen einer was tun will, ich bin ein alter Kämpfer!"

Ja, und dann tat uns tatsächlich einer was. Eines Tages kommt ein Junge schreckensbleich angerannt und keucht: „Ein Gendarm ist da! Sie sollen sofort ins Gasthaus kommen!" Da war es selbstverständlich, daß meine erste Anordnung lautete: „Ihr habt jetzt eine Gebetsgemeinschaft, während ich hinübergehe!"

Und während meine Pennäler sich hinter der Scheune ins Gras hockten und mit Jesus redeten (wir rechnen damit, daß Er lebt), ging ich ins Gasthaus. Ein Gendarm, schweißtriefend vom Aufstieg aus dem Tal, stand vor mir. Unten lag übrigens die Stadt Wunsiedel, in der Jean Paul geboren ist – für die Literaturbeflissenen unter Ihnen. Ich bestelle einen Kaffee. Der alte Kämpfer hatte gute Heidelbeerpfannkuchen anzubieten. Ich bestellte einen für den Gendarm und fragte dann: „Was haben Sie denn auf dem Herzen?" Er zieht einen Brief heraus von der Gestapo: „Das Lager ist umgehend aufzulösen! Pfarrer Busch hat sich morgen früh auf dem Landratsamt in Wunsiedel zu melden!" Ich wurde bleich, ging zu meinem Volk zurück und fragte: „Habt ihr gebetet?" – „Ja, Herr Pastor. Wir rechnen damit, daß unser Herr uns hört!"

Am nächsten Morgen machte ich mich auf den

Weg und stieg aus 1000 m Höhe ins Tal hinunter. Auf einmal stand mein alter Kämpfer mit einem Gamsbart auf dem Hut neben mir und erklärte: „Ich geh mit! Wissen Sie, wenn Sie bei den Behörden sind, geh ich in den Kneipen rum. Da sitzen all die alten Kämpfer, und denen erzähl ich mal, was los ist!“ Ich sagte: „Wunderbar! Sie machen das Volksgemurmel im Hintergrund, nicht wahr!“

So stiegen wir beide also hinunter. Es war köstlich. Unten war eine Bahnstation und ein Wirtshaus. Wir fragten, wo wir denn Fahrkarten bekämen. Eine Frau war in der Waschküche und rief: „Die sind im Küchenschrank. Da ist ne Tasche. Tun Sie's Geld rein! Die Fahrkarten liegen daneben!“

So holten wir also unsere Fahrkarten und fuhren mit dem Bähnchen zu Jean Paul. Wenn man einmal damit gefahren ist, versteht man den ganzen Jean Paul. Schließlich trennten wir uns. Mein Begleiter zog los, um die alten Kämpfer aufzusuchen und Stimmung zu machen. Die Dinge waren damals noch sehr im Fluß.

Auf einmal stand ich nicht der Gestapo gegenüber, sondern einem jungen Landrat, einem echten Preußen, der in dieses bayerische Städtchen paßte wie die Faust aufs Auge. Der fährt auf mich los: „Wie können Sie eine Freizeit machen?“

Ich antworte: „Das ist nicht verboten!“

„Also in Bayern ist das verboten!“

Ich sage: „Wir haben doch ein deutsches Reich! Sie können doch nicht in Bayern eigene Brötchen backen. Außerdem sind Sie doch offenbar kein Bayer!“

„Also, ich diskutiere mit Ihnen nicht! Anordnung von München! Das Lager ist umgehend aufgelöst!“

„Ist recht!“ sage ich. „Aber darf ich Ihnen eben noch folgendes erklären?“

„Aber schnell!“

„Ganz schnell! Wir sind mit dem Omnibus gekommen und fahren mit dem Omnibus nach Hause zurück. Der Bus ist bereits bezahlt. Er kommt in 14 Tagen. Wie ich die Jungen jetzt nach Hause befördern soll, ist mir rätselhaft. Ich habe weder das Geld noch die Möglichkeit, das Lager aufzulösen. Ich schicke Ihnen also die 50 Burschen morgen hier herunter, Herr Landrat. Gott gebe, daß Sie das Geld haben, sie heimzuspedieren, und Mittel, um sie zu verpflegen!“

„Ja, hören Sie! Die wollen Sie einfach herschicken?“

„Ja, was soll ich denn sonst tun?“

„Aber, wie geht denn das zu?“

„Die erscheinen hier, brüllen vor Hunger, und Sie werden für Essen sorgen! Vielleicht singen sie ein paar von unseren geistlichen Liedern. Die werden Wunsiedel schon in Bewegung bringen!“

Ich sehe den Mann noch vor mir stehen, wie er entgegnete:

„Aber so geht das doch nicht!"

„Natürlich geht es so nicht! Wer hat denn behauptet, daß es ginge? Sie doch, nicht ich!"

„Ja, also ... da muß ich in München rückfragen!"

Ich solle zunächst nichts tun. Man würde mir Nachricht geben. „Also ist das Lager nicht aufgelöst?" fragte ich.

„Nein. Warten Sie die Nachricht ab!"

Ich fischte meinen Begleiter auf, wir fuhren zurück und stiegen wieder den Berg hinauf zum Lager. Mit großem Hallo empfingen mich meine Burschen. Wir hatten also schon mal wieder einen Tag gewonnen! Es war herrlich!

Am nächsten Morgen hielten wir Bibelarbeit unter den dunklen Tannen in 1000 m Höhe. Die Sonne schien. Jeder Tag war ein Geschenk für uns. Und bei der Bibelarbeit sprachen wir über das Evangelium vom Sohn Gottes, der Sünder errettet. In einer solchen Umgebung bekommt das Evangelium eine ganz neue Herrlichkeit und Gewalt.

An jenem Tag passierte nichts. Wir hatten nochmals einen Morgen mit einer gesegneten Bibelarbeit.

Doch dann kam wieder ein Junge angerannt: „Sie sollen kommen, der Gendarm ist da!" Na also, ich bestelle wieder Heidelbeerpfannkuchen und Kaffee, und schließlich zieht er einen Brief heraus. Ich habe innerlich zu Gott geschrien: „Jetzt gib, daß ich nicht die Nerven verliere!“ Denn ich war doch sehr, sehr einsam in dieser Situation. In dem Brief stand: „Es bleibt bei der Verfügung, daß das Lager aufgelöst ist, aber Sie bekommen 14 Tage Zeit, das Lager abzubrechen. Wenn am soundsovielten noch ein Junge gesichtet wird, dann …“

Wir hielten weiter fröhlich unser Lager, schlugen die Zelte auf, zogen jeden Tag einen Zeltpfosten heraus und bauten 14 Tage lang ab. Was mich dann noch besonders freute, war, daß der Gendarm sagte: „Ich freue mich für Sie, daß es so gekommen ist!“

Ich fragte ihn: „Interessiert es Sie – ich nehme an, Sie sind katholisch – was ein evangelischer Pfarrer tut?“

Er antwortete: „Ich möchte eigentlich gern mal mit Ihnen sprechen.“

„Oh!“ sage ich, „schön!“

Ich bestellte noch einen Heidelbeerpfannkuchen, und dann legte er los. Ich war erschüttert. Er erzählte:

„Ich habe neulich eine evangelische Beerdigung miterlebt. Da wurde ein Lied gesungen. Am Ende jeder Strophe hieß es: ‚Mein Gott, ich bitt durch Christi Blut, mach’s nur mit meinem Ende gut!‘ Pastor Busch, wissen Sie, wir müssen ja alle mal sterben. Aber das geht mir auf meinen

Gängen dauernd durch den Kopf: ‚Mein Gott, ich bitt durch Christi Blut, mach's nur mit meinem Ende gut!' Ich verstehe es aber nicht. Was hat das Blut Jesu damit zu tun?"

Und dann habe ich ihm erklärt: „Sie sterben einmal und werden dann vor Gott stehen. Entweder nehmen Sie dann alle Ihre Sünden mit, auch die, die Sie geleugnet haben – und es ist schrecklich, in die Hände des lebendigen Gottes zu fallen. Das steht im Neuen Testament – oder Sie finden zu dem, der mit Vollmacht zu uns sagen kann: ‚Dir sind deine Sünden vergeben', weil Er am Kreuz für uns bezahlt hat. Ich kann Ihnen sagen, ich gehöre diesem Jesus!"

Wir sprachen noch lange miteinander. Und das Schönste kam dann noch. Nach fünf Tagen kommt wieder ein Junge angerannt und sagt: „Der Schutzmann ist wieder da mit einem hohen HJ-Führer!"

„Ach", seufzten wir, „jetzt fängt die Hitlerjugend wieder an! Die alte Geschichte!"

Ich werde geholt, gehe hinüber, bestelle Heidelbeerpfannkuchen und Kaffee. Der HJ-Führer grüßt: „Heil Hitler!" Aber dann falle ich beinahe vom Stuhl, als der Schutzmann sagt: „Das ist mein Sohn. Der ist jetzt ein hoher HJ-Führer und hat heute mehr zu sagen als ich. Dabei ist er aber ganz gottlos geworden, und darum klappt es bei uns nicht mehr. Er ist derartig frech zu seiner Mutter. Wenn er auch mehr zu sagen hat, zu

Hause habe ich das Sagen! Aber das klappt nicht mehr. Deshalb habe ich zu ihm gesagt: „Mein Junge, da oben auf dem Berg ist ein Pastor, der hat mir gesagt, wie alles in Ordnung kommen kann. Wir gehen mal hin! Und jetzt, Pastor Busch, erzählen Sie ihm mal dasselbe, was Sie mir erzählt haben von Jesus!"

Es fiel kein Wort mehr von der Auflösung des Lagers. Damals ging mir auf, was ich nachher bei der Staatspolizei immer wieder feststellte: Was der Mensch auch ist oder was er macht – in seinem Innern ist ein Herz, das nach Frieden schreit, ein Herz, das weiß: es ist so viel Schmutz und Schuld da! Wie werde ich davon frei? Wie komme ich ins Licht?

Ich habe gelernt, mich nicht von der äußeren Erscheinung der Menschen bluffen zu lassen, von ihren steifen Mützen oder was sie sonst noch tun, um sich wichtig zu machen: Orden, Fracks oder solche Dinge. Die Männer haben ja immer wieder etwas Neues erfunden, um sich wie ein Paradiesvogel herauszuputzen. Ich lasse mich nicht mehr davon beeindrucken. Nein, ich glaube, daß der Mensch von heute genauso wie vor 2000 Jahren ohne Gott eine arme Kreatur ist, die nichts nötiger braucht als den Heiland, den Sohn Gottes, der ihm Frieden mit Gott schenkt.

Ich sage also zu dem HJ-Führer: „Mein Junge, klappt's nicht zu Hause?" (Ich redete ihn einfach mit du an.)

„Nein."

„Bist du, wie du sein sollst?"

„Nein."

Dann erklärte ich ihm: „Du brauchst ein neues Leben!"

„Ja, brauch ich. Wie geht das zu?"

Daraufhin erzähle ich ihm stundenlang von Jesus. Schließlich rief ich meine Burschen herzu, wir sangen den beiden ein paar Lieder. „Ha!" sagte der junge Gebietsführer nachher, „wenn wir so was hier hätten!"

Ja, da wurde ich froh am Evangelium, ich armer Hund dort oben, verjagt und rechtlos.

Aber dann wurde es ernst. Was ich bis jetzt schilderte, passierte im ersten Jahr, in dem alles noch im Aufbau war. Doch bald war die Staatspolizei aufgebaut, und dann fing die Zeit an, da wir nicht mehr diskutierten und nicht mehr durch Lücken schlüpfen konnten, da man einfach um des Gewissens willen, ohne Verein, um Gottes Wort zusammenkam. Ja, und dann traf mich immer wieder die starke Hand und warf mich ins Gefängnis. Davon möchte ich jetzt noch ein wenig erzählen, vor allem von meinem aufwühlendsten Erlebnis, meiner ersten Verhaftung.

Es war in Darmstadt. Wir hatten damals Evangelische Wochen eingerichtet, der heutige Bischof Lilje, Dr. Humburg – der ist in der Ewigkeit – Eberhard Müller, der heute die Evangelischen Akademien leitet, ich und noch etwa fünf bis sieben Leute. Dieses Team organisierte also Evangelische Wochen, etwa gleichzeitig in Darmstadt, Kassel und Mannheim.

Da war ich nachmittags in Mannheim, abends in Darmstadt, am nächsten Morgen in Darmstadt, nachmittags in Kassel, und so rasten wir durch die Lande, fünf Tage lang. Die Themen würden heute keinen Hund hinter dem Ofen hervorlocken. In Mannheim sprach ich zum Beispiel am glockenhellen Nachmittag über „Liebe und Ehre in der evangelischen Jugenderziehung". Heute fragen Sie sich vielleicht: „Was sollte das?" Aber damals begriff jeder: Wir Christen sagen: „Liebe ist das Höchste", aber die Nazis sagen: „Ehre ist das Höchste". Was sie unter „Ehre" verstanden, haben sie nie gesagt. Es war eine Auseinandersetzung um die höchsten Werte, ein geistlicher Kampf, wobei wir immer mit dem Leben spielten, denn die Nazis konnten uns bei jedem Satz vorwerfen: „Sie haben die offizielle Weltanschauung der Partei angegriffen!"

Die riesige Christuskirche in Mannheim mit 3000 Sitzplätzen war rappelvoll – nachmittags um zwei Uhr. Am Abend fahre ich nach Darmstadt. Ein Freund holt mich im Auto ab und sagt: „Mein lieber Wilhelm" – so heiße ich nämlich. Ich bin ja geboren, als der Kaiser Wilhelm regierte –, „die Pauluskirche in Darmstadt ist voll, aber die Staatspolizei hat sämtliche Türen besetzt, um dich festzunehmen und zu verhindern, daß du predigst. Ich setze dich in einer stillen Seitenstraße ab, dann mußt du allein sehen, wie du reinkommst. Ich warte den ganzen Abend auf dich in der Seitenstraße." Und dann setzte er mich ab, rief mir aber noch nach: „Ich bleibe hier stehen, falls du abhauen mußt! Jetzt sieh zu, wie du weiterkommst!"

Ich gehe also die Straße entlang und komme auf einen großen freien Platz vor der Pauluskirche. Überall wimmelte es von Menschen. Eine wilde Aufregung herrschte. Und in den erleuchteten Kirchentüren – es war draußen schon dunkel – stand die Staatspolizei! Man erkannte sie an ihren Gesichtern. Das war eine Mischung von Spießbürger und Bulldogge. Außerdem war die Polizei da. Sie kontrollierten jeden, der noch rein wollte. Da wurde mir sofort klar: „Ich komme nicht rein! Es ist unmöglich!" Draußen hatten sich auch Leute versammelt, Neugierige. Ich stand also unter dem Volk und beobachtete, wie sie mich suchten. Aber ich wollte doch meine Predigt halten! Schließlich schaute ich mir das Gelände an. Also, da war die Kirche, neben der Kirche ein Gitter und dahinter ein stiller Hof. Der Hof wurde am anderen Ende vom Pfarrhaus abgeschlossen. Der Eingang ins Pfarrhaus war von einer Nebenstraße aus. Als ich mir so das Gelände anschaute – als alter Offizier vom 1. Weltkrieg – sagte ich mir: „Die einzige Möglichkeit, in die Kirche zu kommen, ist durch den

Hof. Der ist nicht bewacht. In den Hof komme ich vom Pfarrhaus aus. Ob es wohl möglich ist, durch das Pfarrhaus in den Hof zu kommen?"

Ich gehe um die Ecke, das Pfarrhaus ist dunkel, die Haustür steht offen. „Ist das nun eine Falle?" überlege ich. „Stehen die Polizisten drin Wache und warten, daß ich komme? Oder hat der Pfarrer mir eine Tür öffnen wollen?" Können Sie sich vorstellen, wie ich da mutterseelenallein in diesem ganzen Getriebe vor der offenen Tür stand und überlegte: Soll ich oder soll ich nicht?

Man sagt ja, der Mensch von heute sei einsam. Das glaube ich auch. Aber so habe ich die Einsamkeit selten gespürt wie in jenem Augenblick. Ich war völlig preisgegeben. Und doch – ich kann es nur so bezeugen: In dem Moment, da ich diese grauenvolle Einsamkeit spürte und mir klar machte, es kann mir keiner die Entscheidung abnehmen! – da war mir, als spürte ich greifbar: Jesus ist neben mir! Und Er hat gesagt: „Ich bin bei euch alle Tage bis an der Welt Ende." Ich wurde so glücklich, daß ich es gar nicht beschreiben kann, weil ich mir klarmachte: ich bin erkauft! Jesus hat mit seinem Blut bezahlt für mich! Er lebt, Er ist bei mir, und ich bin auf der Seite des Siegers!"

Ich möchte es Ihnen sehr ans Herz legen: Schieben Sie es nicht so lange auf, Christ zu werden! Sie kommen in Ihrem Leben auch in Krisensituationen. Da muß man Jesus haben, da kann man Ihn nicht erst suchen!

Schließlich gehe ich also hinein in jenes dunkle Pfarrhaus. Plötzlich packt mich jemand am Arm. Eine Stimme flüstert: „Kommen Sie mit!“ War das nun die Staatspolizei? Der Fremde führt mich eine Kellertreppe hinunter. Ich stolpere so halb durch den Keller und merke auf einmal: ich bin im Heizungskeller der Kirche. Der war offenbar unter dem Hof. Alles ist stockdunkel. Der Mann, der mich führt, knipst eine Taschenlampe an, zeigt auf eine kleine Wendeltreppe und sagt: „Gehen Sie da rauf!“ Ich gehorche und stehe plötzlich in der Kirche. Sie ist voll besetzt bis auf den letzten Platz. Ich wußte nicht, wer der Mann war, der mich geführt hatte.

Nach der Predigt bin ich so hinausgekommen, wie ich reinkam, ohne ihn zu treffen. Erst nach ein paar Jahren erfuhr ich bei einem Kirchentag, wer es war. Da stand auf einmal der Generalsekretär der Ökumene, Herr Visser t'Hooft, der bekannte Mann, vor mir und sagt: „Bruder Busch, Sie sind mein Kirchenkampf-Erlebnis!“ Ich frage: „Wieso?“ – „Ja, ich war der Mann in Darmstadt! Ich war gekommen, um den Abend mitzuerleben und sagte zu dem Pfarrer dort: „Wenn der Busch klug ist, kommt er hier rein! Aber Sie dürfen ihn nicht reinlotsen, sonst werden Sie verhaftet. Gehen Sie mit Ihrer Familie und lassen Sie mich als Ausländer das machen!“

Ausländer konnten mehr riskieren. Wie gesagt, das erfuhr ich erst nach Jahren.

Nun war ich also in der Kirche, ging nach vorne, warf meinen hellen Regenmantel, den ich anhatte, dem ersten besten auf den Arm und stieg auf die Kanzel. Von der Kanzel holten die Nazis niemand herunter. Mein Thema lautete: „Jesus Christus, der Herr".

Seitdem ich in das Pfarrhaus gegangen war, war eine große Ruhe über mich gekommen. An den Türen der Kirche stand die Polizei und wollte mich festnehmen, aber ich stand auf der Kanzel und konnte die Zuhörer beruhigen: „Lassen Sie uns jetzt alle Unruhe ablegen! Wir wollen vom Herrlichsten reden, was es gibt, von dem, der aus der ewigen Welt zu uns gekommen ist als Heiland und Erlöser, von Jesus Christus."

Es waren Lautsprecher nach draußen angelegt worden, weil die Kirche von vornherein nicht reichte. Nun hatte die Staatspolizei viel damit zu tun, die Übertragung zu verhindern, damit wenigstens die Leute im Freien diese schreckliche Botschaft nicht hörten!

Und dann habe ich eine Stunde lang gesprochen. Mein Generalthema war eigentlich nur der Liedvers: „Wüßten's doch die Leute, wie's beim Heiland ist, sicher würde mancher heute noch ein Christ." Gott gab mir große Freudigkeit, daß ich den Menschen zeigen konnte, was es heißt, mit dem Mann von Golgatha zu leben und daß

Er Ströme von Vergebung und Gnade in unser Leben fließen läßt. Das ist etwas Wundervolles.

Nach der Predigt stieg ich von der Kanzel herunter, packte wieder meinen Mantel und war sofort von etwa zwanzig Personen umgeben – die Leute damals haben schnell geschaltet! Doch da kam auch schon die Polizei angerannt: „Wo ist Pfarrer Busch?“ Etwa dreißig Personen kontrollierten sie vor mir. In dieser Zeit war ich entwischt, durch den Keller ins Pfarrhaus und von da ins Freie. Da stand ich nun und sah mir dieses lächerliche Affentheater an, wie sie jeden, der aus der Kirche kam, kontrollierten. Sie hatten Photographien von mir in der Hand. Ist er das oder nicht?

Schließlich dachte ich: „Es wird Zeit, daß ich verschwinde!“ Ich gehe zu meinem Auto in die stille Seitenstraße. Es steht unter einer Laterne. Ich denke: „Der Kerl ist eingeschlafen. Er sitzt so reglos da!“ Ich trete näher und rufe: „Günther!“ Plötzlich kommt hinter dem Auto einer hervor und sagt: „Stopp! Geheime Staatspolizei! Sie sind verhaftet!“

Darum also saß mein Fahrer so reglos im Auto! Dem hatten sie befohlen: „Sie rühren sich nicht!“, damit er mich nicht warnen konnte. Nun wurde ich zurückgeschleift in die Sakristei der Pauluskirche. Das gab natürlich ein ungeheures Aufsehen. Es wurde mir gesagt: „Sie müssen heute abend noch abfahren!“

Ich entgegnete: „Das kann ich nicht. Ich muß morgen früh hier predigen!“

„Sie reisen ab!“

„Wir sind im Deutschen Reich. Sie können mich nicht aus Hessen ausweisen. Das ist doch lachhaft!“

„Wir setzen Sie in die Bahn!“

„Gut, mit dem nächsten Zug fahre ich zurück. Aber ich werde morgen früh hier predigen!“

„Dann müssen wir Sie verhaften!“

„Bitte!“

Ich wußte noch nicht, was das bedeutet. Ich wußte es wirklich nicht.

Es folgte ein schrecklicher Augenblick. Sie setzten mich in ein offenes Auto, vorne ein SS-Mann, ein anderer daneben und hinten der Kommissar und ich. Ein großer, etwas altmodischer Mercedeswagen, und ringsum bereits Tausende von Menschen – so etwas sprach sich damals ganz schnell herum. Ich hatte Angst und dachte: „Wenn die Leute mich jetzt befreien ... das wäre das Schrecklichste, was mir passieren könnte! Denn dann würde sofort meine Familie festgenommen!“ Ich konnte nur zu Gott schreien, daß die Menge ruhig blieb.

Und dann geschah etwas, was ich mein Leben lang nicht vergessen werde. Es war eine große Erregung überall, eine knisternde Spannung. Die Leute schrien: „Der hat doch gar nicht politisch geredet! Jesus Christus, der Herr! Darf man denn davon nicht mehr sprechen?" Plötzlich steht ein junger Mann oben auf der Kirchtreppe – ich habe ihn nie wieder gesehen – und ruft über die erregte Menge hin den Satz von Blumhardt: „Daß Jesus siegt, bleibt ewig ausgemacht. Sein wird die ganze Welt, denn alles ist nach seines Todes Macht in seine Hand gestellt! Nachdem am Kreuz er ausgerungen, hat er zum Thron sich aufgeschwungen. Ja, Jesus siegt!"

Was es bedeutete, neben der Macht Hitlers die Allmacht Jesu Christi öffentlich zu proklamieren, das können Sie sich heute nicht mehr vorstellen.

Ehe sie den Mann packen konnten, war er in der Menge verschwunden. „Fahr doch los!" brüllt mein Kommissar dem Fahrer zu. Der ist schon lange am Wursteln, aber der Motor springt nicht an. Es war, als wenn ihn einer hinten festhielte. „Fahr doch!" Auf einmal stimmt die Menge an: „Ist Gott für mich, so trete gleich alles wider mich. Sooft ich ruf und bete, weicht alles hinter mich!" Ein brausender Gesang! „Hab ich das Haupt – das ist Jesus – zum Freunde und bin geliebt bei Gott, was kann mir tun der Feinde und Widersacher Rott?"

Wieder brüllt der Kommissar: „Fahr doch!"

Und schließlich fuhr er los. Gott hatte ihn so lange festgehalten, damit sie das erst mitbekamen als Zeugnis. Mein Herz war so voll, daß ich zu dem Kommissar sagte: „Sie armer Mann!" Da sackte er zusammen und stieß hervor: „Ich war früher auch im Bibelkreis für höhere Schüler oder CVJM – ich weiß nicht mehr."

„Und heute verfolgen Sie die Christen?"

„Ach, geben Sie doch nach!" bat er mich. „Lassen Sie sich ausweisen! Tun Sie mir das nicht an, daß ich Sie verhaften muß!"

Ich entgegnete: „Sie armer Mann! Ich kann Sie nicht davor bewahren!"

Daraufhin wurde er bitterböse.

Ich wurde in eine Zelle geführt. Wir kamen nie in ordentliche Gefängnisse, sondern in die der Staatspolizei. Das waren besondere Gefängnisse. Ich kam immer – außer einmal – in eine Zelle, die meistens so breit war, daß wenn ich die Arme anwinkelte, ich beide Wände mit den Ellbogen berührte. Oben war ein Fenster. Drei Schritte hin, drei Schritte her. Da werden Sie nach zwei Tagen wahnsinnig. Nichts zu lesen, kaum zu essen! Ich fürchtete: „Ich werde verrückt in dieser Zelle!" Doch dann erlebte ich immer dasselbe, was mir einmal an der Grenze des dunklen Reiches aufging: „Mensch, du gehörst doch Jesus, der dich für Gott erkauft hat! Und Gott läßt sein Eigentum nicht los!" Ich kann es nur so ausdrücken: Da kam Jesus zu mir in meine Zelle.

In diesen schmutzigen Zellen der Staatspolizei verfliegt alle Schwärmerei. Da lernt man die Realität kennen, die Wirklichkeit. Da lernt man sein eigenes Herz kennen. Ich habe Zeiten erlebt, wo Gott mir alle meine Sünden vorhielt. Auf einmal sah ich mich, wie ich bin – als ein verlorener Mensch. Aber dann richtete ich meinen Blick auf Jesus, der für mich gekreuzigt wurde, und Er kam zu mir.

Als meine Frau mich einmal nach einer Verhaftung besuchen durfte, stöhnte sie: „Wie siehst du aus! Bleich, mager, unrasiert!“ Ich entgegnete: „Moment mal! Um euch muß man Angst haben, nicht um mich. Wieviel Zeit hast du, um Gott zu loben? Mein Tagesablauf sieht so aus: Von 7 bis 8 Uhr Gott loben, von 8 bis 9 Fürbitte tun für andere, von 9 bis 10 sage ich mir die Psalmen her, die ich auswendig kenne, von 10 bis 11 mache ich Turnübungen, damit ich nicht einroste, von 11 bis 12 fange ich wieder an, Gott zu loben. Dreimal am Tag eine Stunde Gott loben! Manchmal ist meine Zelle voll von der Herrlichkeit Gottes. Nicht um mich, um euch muß man Angst haben, die ihr ja überhaupt mit der Wirklichkeit des lebendigen Gottes gar nicht mehr rechnet!“

In dieser Darmstädter Zelle ging eines Tages die Tür auf. Ein Wärter kommt herein, ein SS-Mann. Er zieht die Tür hinter sich zu, und ich denke: „Der will dir was tun!“ Ich stelle den Hocker vor mich und nehme mir vor: „Ich werde mich wehren!“ Da kam der alte Wilhelm Busch wieder zum Vorschein trotz aller Entschlüsse zu leiden. Doch dann beginnt der SS-Mann:

„Moment mal, ich tue Ihnen nichts!“, zieht aus seiner Tasche einen Ausschnitt aus einem Sonntagsblatt heraus und sagt: „Sehen Sie, mein Schwiegervater ist ein christlicher Mann, der liest dieses Sonntagsblatt. Und da war eine Geschichte drin: ‚Jesus im Zirkus Sarassani‘ von W. Busch. Die hat mir so gut gefallen, daß ich sie ausgeschnitten habe. Ist diese Geschichte von Ihnen?“ – „Ja“, antworte ich, „die hab ich mal erzählt. Ich mußte eine Beerdigung im Zirkus Sarassani halten. Eine Indianerin war gestorben. Bei dieser Beerdigung waren alle möglichen Völkerschaften vertreten: Kabylen, Mauretanier und was weiß ich, auch Amerikaner – alles war da. Aber alle verstanden meine Sprache nicht. Da ging mir auf: Wenn es ein Wort gab, das alle verstanden, dann war es der Name ‚Jesus‘. Daraufhin habe ich eine Rede gehalten, in der immer wieder Jesus vorkam. Und auf einmal wurde es still.“

Diese Geschichte hatte ich geschrieben. Sie war um die ganze Erde gegangen, sogar in arabischen Schriften erschien sie. Der Wärter fragte also: „Ist die von Ihnen?“ – „Ja“, antwortete ich, „die ist von mir. Aber hören Sie mal, jetzt geht's nicht um Jesus im Zirkus Sarassani, sondern um Jesus im Staatspolizeigefängnis Darmstadt!“

„Da müßte ich ja Tinte gesoffen haben, wenn ich Ihnen das abnehme!“

Ich erwiderte: „Sie haben Tinte gesoffen,

wenn Sie mir's nicht abnehmen! Wenn wir darüber reden wollen – aber ich ersticke in dieser Zelle. Lassen Sie mich im Gang reden, da ist wenigstens ein Fenster, wo man mal Luft kriegt!"

„Ja, gut, kommen Sie mit raus!"

Zehn Minuten später hatte sich die ganze Belegschaft um mich versammelt. Es wurde eine Evangelisation für die Geheime Staatspolizei!

„Ehe wir reden, müssen wir wissen, was wir wollen", begann ich. „Leute, es gibt nur zwei Weltanschauungen in der ganzen Welt, nur zwei. Auf der einen Seite stehen alle Weltanschauungen, die es gibt, auf der anderen das geoffenbarte Evangelium. Geben Sie mir bitte Papier und Bleistift!"

Ich ließ es mir geben und zog dann auf dem Papier einen senkrechten Strich mitten durch und sagte: „Hier schreiben wir jetzt hin: ‚*allgemeine Weltanschauungen*' und hier ‚*geoffenbartes Evangelium*'. Diese unterscheiden sich in vier Punkten:

– in dem, was sie über Gott sagen,
– was sie über die Menschen sagen,
– was sie über Erlösung sagen,
– was sie über die Hoffnung sagen.

Ich fuhr fort: „Alle Weltanschauungen und Religionen der Welt nennen irgend etwas Innerweltliches ‚Gott'. Sie behaupten zum Beispiel: ‚Mein Volk ist Gott'. Das ist etwas Innerweltliches. Der Spießbürger sagt: ‚Die Natur ist mein Gott.‘ Es gibt einen englischen Bischof, der das Buch geschrieben hat: ‚Gott ist anders‘. Das ist genau der alte Quatsch, der lautet: ‚Die Tiefe des Daseins ist Gott.‘ Daß man so etwas noch im 20. Jahrhundert servieren und sich dabei noch Bischof nennen kann, ist mir unfaßlich. ‚Die Tiefe des Daseins ist Gott.‘ Genausogut könnte man sagen: ‚Meine Großmutter ist Gott‘. Oder der Omnibus. Was Gott ist, ist ja wohl ziemlich eindeutig. Ich kann sagen: Gott ist nicht, oder: Er ist, aber ich kann nicht anfangen, etwas Innerweltliches ‚Gott‘ zu nennen. Das ist doch Schwindel! Goethe sagt: Gefühl ist Gott! Aber die Bibel sagt: Gott steht außerhalb der Welt als ihr Schöpfer und Herr.

Jetzt der zweite Unterscheidungspunkt: Was die Weltanschauungen über den Menschen sagen. Alle behaupten, der Mensch sei irgendwie gut. Der Idealismus sagt: Der Mensch hat einen guten Kern. Sie als Nationalsozialisten sagen: Der arische Mensch ist gut, der Kommunist sagt: Der klassenlose Mensch ist gut.

Einmal kam meine Großmutter zu mir und sagte: ‚Herr Pastor, mein Enkel klaut und stiehlt, verhaut seine Schwestern, aber er hat einen guten Kern!‘

Alle Weltanschauungen sagen: Der Mensch ist gut. Die geoffenbarte Wahrheit der Bibel aber lautet: Der Mensch ist vor Gott böse und aufs allerdringendste erlösungsbedürftig. Der Katechismus der Reformierten sagt: Ich bin von Natur geneigt, Gott und meinen Nächsten zu hassen."

Da stand ich also vor den SS-Männern und machte ihnen klar: „Sie sind böse und kommen in die Hölle! Ist das klar?

Drittens: Die Weltanschauungen unterscheiden sich in ihrer Aussage über die Erlösung. Irgendwie betonen sie alle die Selbsterlösung. ‚Wer immer strebend sich bemüht …' sagt mein Landsmann Goethe, oder: ‚Wenn wir reinrassige Arier züchten, sind wir erlöst.' Das ist Selbsterlösung. Die Bibel aber sagt: Du bist erlöst worden. Nun nimm's an." Ich malte ein Kreuz aufs Papier.

„Viertens: Die Weltanschauungen unterscheiden sich in ihrer Aussage über die Hoffnung. Sie als Nationalsozialisten sagen: Irgendwann kommt das große deutsche Reich. Irgendwann kommt die klassenlose Gesellschaft. Irgendwann … Und die Bibel sagt: Irgendwann kommt Jesus wieder. Am Ende steht eine Katastrophe für die Welt, weil der Herr der Welt auf die Bühne tritt, sichtbar und herrlich."

Während ich also den SS-Leuten diesen Vortrag hielt, befand sich hinter der Kerkertür gegenüber ein Freund und Amtsbruder von mir, der inzwischen eingeliefert worden war – das wußte ich aber nicht. Er erzählte mir später: „Ich sitze da ziemlich verzweifelt in meiner Zelle. Auf einmal höre ich jemand reden! ‚Mensch, das ist doch Wilhelm Busch!‘ sagte ich mir. ‚Was schreit er denn so? Du meine Güte, der evangelisiert hier im Stapo-Gefängnis!‘“ Da wäre er auf seine Knie gefallen und hätte während der ganzen Stunde zu Gott geschrien: „Herr, gib ihm Vollmacht! Tu die Herzen auf!“

Dabei kam mir der Gedanke: Das ist die Kirche der Zukunft! Im Gefängnis. Da kniet einer hinter Schloß und Riegel nieder und schreit zu Gott. Das ist die wahre Kirche, die eigentliche, siegende, die mit Jesus unterliegt und doch siegt!

Ich möchte noch ein weiteres Erlebnis erzählen: Einmal war ich in Essen im Gefängnis, fühlte mich sehr elend, hatte Fieber, fror, war hungrig, einfach völlig am Ende, bereit zu jeder Niederlage. Plötzlich werde ich herausgeholt und zur Staatspolizei geführt. Vor mir sitzen die drei führenden Männer. Sie waren auf einmal katzenfreundlich. Da verkrampfte sich mein Herz, und ich dachte: „Wenn ihr freundlich seid, hat es nichts Gutes zu bedeuten!“

Sie begannen: „Pastor Busch, wir sehen, daß Sie gar nicht so übel sind. Sehen Sie, der einzige Unsinn ist, daß Sie unter allen Umständen Jugendpfarrer sein wollen. Wir garantieren Ihnen, in zehn Jahren wird kein junger Mensch in Deutschland mehr wissen, wer Ihr imaginärer Jesus ist! Das garantieren wir Ihnen! Dafür sorgen wir! Darum braucht man keine Jugendpfarrer mehr. Wir offerieren Ihnen, Pastor Busch: Sie können auf der Stelle entlassen werden und bekommen eine Stelle als Oberregierungsrat, wenn Sie versprechen, daß Sie zu keinem Menschen mehr Ihre Botschaft sagen! Für sich persönlich können Sie glauben, was Sie wollen. Wir geben Ihnen 24 Stunden Bedenkzeit!"

Das war grauenvoll! Stellen Sie sich vor: Sie sitzen unsagbar hungrig, frierend und fiebrig in einer Zelle mit dem einen Gedanken: „Nur jetzt raus! Ich kann ja glauben, was ich will! Ich soll nur nicht mehr reden. Dann bin ich morgen frei, habe eine ordentliche Stelle, und der ganze Druck und die Verfolgung hören auf." Ich konnte doch nicht mehr! War völlig am Ende. Und ich brauchte nur zu sagen: „Ich will nicht mehr davon reden!" Ich kann für mich glauben, was ich will!

Da waren alle Dämonen der Hölle in meiner Zelle. „Tu das doch! Tu's doch!" Aber dann trat Jesus auf, Er, der Lebendige, und stellte mir vor Augen, wie herrlich ein Leben in Seinem Dienst war. Er machte mir klar: „Du kannst deinen Glauben nicht halbieren! Du kannst nicht für dich allein glauben und schweigen – das geht nicht! Dann sag mir ab! Sag mir lieber ab!"

Dem Mann, der mich auf Golgatha erkauft hat, sollte ich absagen? Keine Versöhnung mit Gott mehr! Keinen Frieden! Keinen Heiland!

Kein seliges Sterben! Keine Hoffnung des ewigen Lebens! Unmöglich!

Am nächsten Morgen trat ich vor die SS-Leute und sagte: „Ich kann Ihr Angebot nicht annehmen!"

Meine Freunde, Sie können auch in solche Prüfungen kommen. Dazu braucht es gar keine Staatspolizei. Da muß man dann wissen, wo man steht. Haben Sie in Ihrem Leben einmal eine Entscheidung für Jesus gefällt? Meinen Sie, Gott reißt sich Seinen Sohn vom Herzen und schickt Ihn in die Welt, damit wir darüber diskutieren? Daß wir lustig weiterleben und sagen: „Ich kann ganz gut ohne Ihn auskommen!" Wie denken Sie sich das? Der Tatsache von Golgatha gegenüber wird ein ganzes Ja oder ein ganzes Nein gefordert. Immer von neuem.

Es war ein paar Jahre später, kurz vor Kriegsschluß. Ich bin in der Stadt, auf einmal heulen die Sirenen – sofort Vollalarm. Dann krachen auch schon die ersten Bomben, und ich weiß nicht, wo ich Schutz suchen soll. Plötzlich entdecke ich eine Anlage mit einem Eingang in einen Bunker. Der war aber noch nicht fertig. Damals wurden tiefe Bunker in die Erde gebaut mit Treppen, die nach unten führten. Eine Treppe war noch nicht ausgelegt, nur der schräge Schacht. Wenn es jedoch hinter ihnen kracht, fragen sie nicht nach Treppen. Ich sprang also in den Schacht – es war feuchter Lehm – komme ins

Rutschen und sause mit affenartiger Geschwindigkeit in den Bunker hinein. Unten steht ein Soldat und fängt mich auf. In dem blauen, trüben Licht erkennen wir uns. Es war der Chef der Gestapo! Er wartete schon den Einmarsch der Amerikaner ab und hatte sich als schlichter Infanterist verkleidet. Ein paar Tage später waren sie da.

In dem blauen Licht, das alles so fahl erscheinen läßt, stammelt er ganz erschrocken: „Ja, Pfarrer Busch, leben Sie denn noch?“ Es wurde schrecklich gestorben in jenen Tagen, man wurde hingerichtet, umgelegt, liquidiert, man kam ins KZ, wurde von Bomben getroffen oder fiel an der Front. Daher die Frage: „Leben Sie denn noch?“ Da packte mich der Übermut des Glaubens und ich antwortete: „Ja, wissen Sie, wir Christen überleben noch viele!“ Er verstand. Wir – da sah ich Jesus an der Spitze und die ganze Schar, die an Ihn glaubt, hinter Ihm.

Wie hatte dieser Mann vor ein paar Jahren gesagt? „In 10 Jahren wird kein junger Mensch mehr wissen, wer Jesus ist!“ Acht Tage später hatte er sich erhängt. Ich aber stehe heute hier und rühme den Heiland, ohne den zu leben kein Leben ist!

Zweite Ansprache

Wie ich schon erwähnte, hatte Dr. Eberhard Müller von den Evangelischen Akademien in den Jahren 1937-38 angefangen, ein Team zu sammeln, mit dem er sogenannte Evangelische Wochen gestaltete. Dabei ging es um die geistige Auseinandersetzung mit den Problemen der damaligen Zeit. Es war unglaublich, wie diese Vorträge einschlugen. Immerhin sehen wir daran, daß die Themen damals zu einer äußerst lebendigen Auseinandersetzung führten. Es war nicht diese Trägheit da, die heute alles geistige und geistliche Leben lähmt.

Weil nun die Evangelischen Wochen solchen Anklang fanden, richtete es Dr. Müller so ein, daß in allen Provinzen Evangelische Wochenenden gehalten wurden. Fürs Rheinland war ich zuständig. Ich veranstaltete also Samstag/Sonntag in Neuwied, Kreuznach und Moers solche Vorträge. Der Mann, der mir in Kreuznach zur Hand ging, war ein junger Lehrer. An einem Samstagmorgen fahre ich also nach Kreuznach. Auf einmal, kurz vor Kreuznach, kommt plötzlich der junge Lehrer in mein Abteil gestiegen. Er ist ganz aufgeregt und sagt: „Nehmen Sie schnell Ihren Koffer! Wir gehen in den letzten Wagen!“ Ich fragte erstaunt: „Wieso denn? Was ist denn los?“ „Ich erkläre es Ihnen gleich. Wissen Sie, am Bahnhof in Kreuznach ist die Staatspolizei aufgestellt und will Sie am Reden hindern. Wir wissen nicht, ob man Sie gleich abschiebt oder verhaftet. Aber die Nazis haben nicht den Mut, die Veranstaltung zu verbieten, weil so viele Menschen vom ganzen Hunsrück und Nahetal gekommen sind. Und jetzt machen wir es so: Wir steigen aus dem letzten Wagen aus, gehen dann in Deckung des Zuges nicht durch die Sperre, sondern gleich hinten in den Wald!"

Gesagt, getan. Ich hatte für die 48 Stunden nicht viel Gepäck. Der Zug hielt, alles steigt aus, wir auch, und schleichen in Deckung des Zuges über die Geleise. Gleich darauf waren wir im Wald verschwunden. Nun machten wir einen großen Bogen um Kreuznach und überlegten: Wo gehen wir hin? Zu dem Lehrer konnten wir nicht. Zum Pfarrer zweimal nicht. Natürlich wird die Staatspolizei, wenn ich an der Sperre nicht erscheine, mich in den Pfarrhäusern oder bei den Leuten suchen, die die Veranstaltung organisierten. Wir kamen zu dem Schluß: „Am besten gehen wir in ein großes Café. Das ist am wenigsten auffällig. Dort sind viele Fremde, und es sind heute sowieso für dieses Wochenende viele von auswärts gekommen." Während wir also in einem großen Bogen uns von der anderen Seite nach Kreuznach hineinschleichen, mache ich einen kleinen Einschub, denn das dauerte ja doch ungefähr eine Stunde.

Sie haben sicher keine Vorstellung mehr davon, was die Geheime Staatspolizei war. Ich will es zu erklären versuchen. Das Merkwürdige an diktatorischen Staaten ist, daß ihnen der normale Rechtsweg – Polizei, Gefängnis und Gericht – nicht mehr genügt, sondern daß sie einen zweiten Rechtsweg auftun: Geheime Staatspolizei, Stapo-Gefängnisse und Konzentrationslager. Diese Staatspolizei war eine riesige Organisation, die sich wie ein Oktopus über alles Leben in Deutschland legte. Wir haben uns oft gefragt: Ist die Geheime Staatspolizei allwissend, oder ist sie es nicht? Sie verbreitete gern den Nimbus: wir wissen alles! Und sie wußte viel. Die Schwierigkeit bestand nämlich damals immer darin, daß wenn zwei Leute miteinander redeten, der zweite ein Verräter war, der, wenn ich einen dummen Satz sagte, es der Gestapo meldete. Damals lernte man den sogenannten „deutschen Blick". Wenn zwei sich unterhielten, schauten sie zurück, ob nicht einer zuhörte.

Ja, sie wußte viel, die Gestapo. Diese Organisation hat ein solches Maß von Mißtrauen geschaffen, wie Sie es sich gar nicht vorstellen können. Man sagte den andern nur noch das, was die Gestapo wissen durfte. Ein ganzes Volk wurde zu Heuchlern. Das führte zu grauenvollen Komplexen und Verbiegungen, das müssen Sie meiner Generation immer zugute halten. Sie hat seelische Wunden davongetragen, die nicht mehr heilen. Man erlebte mit dieser Staatspolizei seltsame Dinge. Ich will ein kleines Erlebnis schildern. Wir sind ja immer noch auf dem Weg zu dem Café.

An einem Sonntag sollte eine Abkündigung der Bekennenden Kirche verlesen werden. Die Nazis hatten sich aller Organisationen bemächtigt, auch der Kirche. Deshalb hatte sich die sogenannte „Bekennende Kirche" gebildet, zu der ein Teil der Pfarrer und ein Teil der Presbyter gehörte. In Württemberg war das nicht so scharf wie bei uns im Rheinland, wo wir unsere Gehälter selbst aufbringen mußten. Es sollte also eine Erklärung der Bekennenden Kirche vorgelesen werden gegen die Euthanasie, d.h. die Ausrottung lebensunwerten Lebens. Dieses Vorhaben der Nazis war durchgesickert, und wir wollten eine Erklärung dagegen abgeben, die dann als Flugblatt unter der Gemeinde verteilt werden sollte.

Die Gestapo bekam Wind davon. An einem Samstag besuchten mich zwei Herren – sie kamen immer zu zweit. Einer war der dösige Begleiter, der stand an der Tür meines Studierzimmers, der andere setzte sich auf einen Stuhl an den Tisch. Darauf lag ein ganzer Stapel der Flugblätter. Er fläzte sich dahin, legte den Arm drauf und fragte: „Herr Pfarrer, haben Sie die Flugblätter?" Ich antwortete: „Darüber bin ich Ihnen keine Auskunft schuldig."

„Dann muß ich eine Haussuchung vornehmen."

„Kann ich nicht verhindern."

Er schaute sich um – es stehen riesige Bücherschränke in meinem Studierzimmer, hinter jedem können die Flugblätter sein. Ich sage: „Ich kann Sie beruhigen. Sie wissen, ich lüge Sie nicht an. Da sind sie also nicht! Suchen Sie weiter!"

Er steht auf, durchsucht das ganze Haus, setzt sich dann wieder auf den Stuhl, den Arm auf den Flugblättern, und sagt: „Ja, Sie scheinen keine zu haben!"

Ich würde ja glauben, daß das ein freundlicher Mann war, der nicht sehen wollte, aber ich kannte den Burschen! Wenn er etwas gefunden hätte, hätte er die Blätter samt mir mitgenommen.

Das war das Unheimliche für die Gestapo. Wenn sie den Kampf gegen uns eröffnete, kämpfte sie an einer Front, wo der lebendige Herr mitspielte. Es heißt in der Bibel manchmal, daß Menschen die Augen gehalten wurden. Ich bin überzeugt, diesem Gestapo-Beamten wurden die Augen gehalten. Er sah nicht, was unter seinem Arm lag!

Nun, es ging nicht immer so wunderbar ab. Ich habe mich oft gefragt: Warum hassen und verfolgen die Nazis gerade uns so verbittert? Der Grund war, daß sie nur die Verkündigung der klaren, biblischen Botschaft haßten. Denn es ging uns immer mehr auf, daß jedes Wort der Bibel in Widerspruch stand zu allem, was diese Leute glaubten.

Mein Bruder Johannes wurde einmal in Stuttgart verhaftet und ausgewiesen, weil er einen Vortrag über Jesus gehalten hatte. Dagegen hatten sie nichts, aber der Vortrag schloß mit den Worten aus einem Liedvers: „Du, du bist meine Zuversicht alleine, sonst weiß ich keine". Da griff die Staatspolizei zu. „Unsere Zuversicht ist der Führer! Und Sie sagen: Ich weiß keine als Ihren Jesus? Ist ja unerhört!" Hätte er ein bißchen politische Witze gemacht, wäre es nicht so tragisch gewesen. Aber das war ein Schlag mitten hinein in die Lehre des Dritten Reiches und jedes totalitären Staates und jeder Ideologie.

Ich vergesse nicht, wie ich einmal in Wuppertal in einer riesigen Halle in einer Bekenntnisversammlung sprach, zusammen mit dem alten Pfarrer Niemöller, dem Vater von Martin Niemöller. Er war ein Kerl zum Malen, ein Gesicht wie gemeißelt und schlohweiße Haare. Plötzlich, zwei Minuten vor Beginn, kommt die Gestapo und sagt: „Herr Pfarrer, Sie dürfen nicht sprechen! Das ist verboten von Berlin aus. Pfarrer Busch kann reden, Sie nicht! Das einzige, was Ihnen erlaubt ist, ist, daß Sie ein Bibelwort vorlesen!" „Ist gut!" erwiderte der alte Niemöller.

Darauf hin wurde gesungen, gebetet, und dann geht Niemöller vor und beginnt: „Wir hören ein Wort aus Psalm 73: ‚Es verdroß mich der Ruhmredigen, da ich sah, daß es den Gottlosen so wohl ging. Sie stehen fest wie ein Palast, darum muß ihr Trotzen ein köstlich Ding sein, und ihr Frevel muß wohlgetan heißen. Ihre Person brüstet sich wie ein fetter Wanst, sie tun, was sie nur gedenken. Sie achten alles für nichts und reden übel davon und lästern hoch her. Was sie reden, muß vom Himmel herab geredet sein. Was sie sagen, das muß gelten auf Erden. Darum läuft ihnen ihr Pöbel zu und laufen ihnen zu in Haufen wie Wasser.‘“

Da fingen die beiden Staatspolizeibeamten an, in ihren Mappen zu kramen. Sie hatten Bibeln dabei, denn sie mußten ja kontrollieren, was gesagt wurde. Dann schauten sie Pfarrer Niemöller über die Schulter und fragten: „Steht das in der Bibel? ‚Darum läuft ihnen ihr Pöbel zu!‘ Das ist ja eine fragwürdige Sache mit diesen Versammlungen!“ Sie schlugen ihre Bibel auf und stellten fest: Das steht tatsächlich in der Bibel! Danach wurde es totenstill. Der Pfarrer fuhr fort: … „bis ich ging ins Heiligtum und merkte auf ihr Ende. Wie werden sie so plötzlich zunichte! Wie ein Traum, wenn einer erwacht, so machst du, Herr, ihr Bild in der Stadt verschmäht.“ (Bitte denken Sie an das Ende des Dritten Reiches!) Da lief es selbst den Polizeibeamten kalt über den Rükken. Sie mußten sich sagen: „Wenn die recht haben, gehen wir verloren!“

Gegen ein allgemeines Feld-, Wald- und Wiesen-Christentum hatten sie nichts einzuwenden. Sie waren sogar dafür. Der Führer sprach in seinen Reden: „Der Höchste möge uns segnen und die Vorsehung mit uns sein!" Aber die Bibel spricht davon, daß wir vor Gott verlorene Sünder sind. „Der Führer ein Sünder? Der arische Mensch ein Sünder? Unter dem Gericht Gottes? Kein Heil als in Jesus Christus?" Das ging ihnen gegen den Strich. Das konnten sie nicht stehenlassen.

Jesus fällt man zu, oder man haßt ihn. Übrigens auch heute noch. Wenn der Satz die Nazis zur Weißglut reizte: „Du bist meine Zuversicht alleine, sonst weiß ich keine!" möchte ich Sie jetzt fragen: Was ist denn Ihre Zuversicht? Das Evangelium nimmt man als Ganzes an, oder man muß es hassen. Es geht nicht, eine verwaschene Geschichte daraus zu machen. Was ist Ihre Zuversicht alleine? Geben Sie Antwort!

Aber nun sind wir inzwischen in dem Café in Bad Kreuznach angekommen. Der Einschub ist zu Ende. Wir betreten das Café, setzen uns in einer Ecke an einen Tisch. Ein paar von den Mitveranstaltern sind dazugekommen, und nun wird beraten: Was machen wir? Es kommen Boten, die melden: „Die Gestapo hat Sie am Bahnhof nicht gefunden. Jetzt haben sie sich um die Kirche herum aufgestellt. Sie haben offenbar eine Photographie von Ihnen, um Sie an der

Kirchtüre abzufangen und am Reden zu hindern!“

Wir hatten oft erfahren: Wenn ein Pfarrer im Talar auf der Kanzel stand, griff die Staatspolizei nicht ein. Davor hatten sie unbewußt einen gewissen Respekt. Doch ich hatte verschiedentlich erlebt, daß sie an den Türen standen, rechts und links, eine Photographie in der Hand, die sie mit jedem, der hineinging, verglichen. So weit habe ich mich nie herabgelassen, daß ich mir einen falschen Bart angeklebt hätte, aber diesmal hätte ich es beinahe getan. Es wurde dann beschlossen: „Wir verkleiden Pastor Busch!“ In einem Hinterzimmer des Cafés bekam ich einen Talar angezogen. Der wurde mit zwei Stecknadeln hochgesteckt, die ich dann nur herauszuziehen brauchte, dann fiel er mir über die Füße. Darüber kam ein schöner Kamelhaarmantel, eine Schlägermütze und eine Zigarette links in den Mundwinkel! Ich sagte: „Das ist ja ein bißchen übertrieben!“ – „Ja“, antworteten meine Freunde, „es kann gar nicht übertrieben genug sein. Jetzt sehen Sie aus wie ein SA-Spitzel!“

So zogen wir also los. An der Kirche wartete ich, bis ein Volksschwall hineinging. Mit ihnen drängte ich mich durch die Tür. Die Gestapo-Beamten musterten mich: „Kerl mit Schlägermütze und Zigarette! Kann er nicht sein!“ Ich blieb dann noch auf der Kirchentreppe stehen und warf die Zigarette in hohem Bogen hinunter –

und dann ging ich in die Kirche. Im Vorraum steht der Küster, einer nimmt mir den Mantel ab, ein anderer die Mütze, zwei reißen die Nadeln heraus – und ich wie der Blitz die Kanzeltreppe hinauf – fertig!

Schließlich gaben die Gestapo-Beamten auf. Zwei nahmen einen Stuhl und setzten sich rechts und links auf die Treppe, die zur Kanzel führte. Diese erste Rede konnten sie nicht verhindern. Das war wunderbar. Das Nahetal ist geistlich eine tote Gegend. Deshalb war es einfach herrlich, diese riesige Kirche in Bad Kreuznach voll besetzt zu sehen. In den Gängen standen sie: Bauern aus dem Hunsrück, aus dem Nahetal, Weingärtner von der Mosel! Und dann habe ich das Evangelium verkündigt und gesagt, daß unser Herz friedelos ist, bis es Frieden mit Gott findet. Dazu braucht man den, der uns mit Gott versöhnt hat, den Herrn Jesus Christus.

Doch während ich auf der Kanzel stand und predigte, war ich in meinem Unterbewußtsein dauernd am Wühlen: „Wie kann ich nachher entkommen? Ich will doch heute abend nochmals reden!“ Plötzlich fiel mir ein wunderbarer Trick ein. Es ist ja etwas Merkwürdiges um das Lied: „Ein feste Burg ist unser Gott“, diese evangelische Nationalhymne. Ich sagte also: „Nun wollen wir zum Schluß stehend das Lied singen „Ein feste Burg ist unser Gott“. Alles stand auf. Was blieb den Gestapo-Beamten anderes übrig, als auch aufzustehen? Während dieser heiligen Handlung konnten sie mich nicht gut verhaften. Ich ging also die Treppe hinunter, während die beiden noch dastanden, und dann nichts wie raus! Draußen warteten zwei Freunde, warfen mir den Mantel über, die Schlägermütze auf den Kopf – und ich war verschwunden!

Und dann wurde es Abend, so gegen fünf Uhr. Es war ein Herbsttag. Jetzt konnte ich in kein Café mehr gehen, in kein Haus. Deshalb führten mich meine Freunde an das Ende des Kurparks. Es fing an zu regnen. Alle gingen weg, damit es nicht auffallen sollte.

Schließlich saß ich in der Dunkelheit im Regen, ganz allein, und fror. Später brachte mir einer meinen Korb und ein bißchen zu essen. Es war gut, ich wollte allein sein, denn zwei Mann – das fiel auf, und drei Mann waren eine kleine Volksansammlung!

Damals erlebte ich eine grenzenlose Einsamkeit. Gewiß waren viele Menschen gekommen, um mir zuzuhören. Aber wer von denen war wohl bereit, den Herrn Jesus zu bekennen, wenn es galt? Da überfiel mich eine große Mutlosigkeit. Ich sagte mir: „Mensch, ist doch alles vergeblich! Du kommst doch nicht gegen eine ganze Staatsmacht an! Wenn doch nur ein Mensch da wäre!“ In einer solchen Situation lernt man beten.

Am Abend bekam ich dann eine andere Verkleidung, ging ein zweites Mal in die Kirche und habe meine Abendversammlung gehalten. Doch danach schnappte mich die Staatspolizei und beschwor mich abzureisen. Ich sagte, das hätte ich sowieso vorgehabt, und reiste dann auch ab. Am anderen Tag sprachen Redner, die nicht weiter verdächtig waren.

Ich möchte noch einmal auf jene entsetzliche Einsamkeit im Kurpark von Bad Kreuznach zurückkommen. Diese Einsamkeit war bezeichnend für die Lage der Christen im Dritten Reich, die mit der Bibel lebten. Im Grunde war das immer unsere Lage, man war so grenzenlos allein. Und gegenüber erhoben sich Mauern einer dämonischen Macht. Diese Mauern möchte ich noch etwas näher schildern.

Da war zum Beispiel die Macht der Lüge. Es war für mich einfach unfaßlich, wie die Staatspolizei und die ganze Politik damals der Lüge verschworen waren. Deshalb sind wir heute so empfindlich, wenn im Bundestag gelogen wird. Wenn die Gestapo mich verhaftete – und das passierte ein paarmal – kamen immer zwei Mann und erklärten: „Wir müssen Sie verhören. Sie müssen mitkommen!“

Ich entgegnete: „Sie können mich doch hier verhören!“

„Nein, Sie müssen mitkommen!“

Da wußte ich schon: das bedeutet eine Verhaftung! Ich fuhr auf: „Sie wollen mich verhaften!

Lassen Sie mich doch wenigstens meine Zahnbürste mitnehmen!“

„Nein, nein! Sie kommen mit! In einer Stunde sind Sie wieder da! Nur eben nach Gelsenkirchen!“

„Nun sagen Sie doch: Sie wollen mich verhaften!“

„Nein, wirklich nicht! Nur ein Verhör! Aber weil die Akten in Gelsenkirchen sind (oder in Essen) müssen Sie dahin mitkommen!“

Wenn ich dann in ihr Büro kam, lag der rote Schein auf dem Schreibtisch. Ich schaute hin: „Busch“ und sagte: „Das ist doch ein Verhaftungsbefehl!“

„Jawohl, Sie sind verhaftet!“

Ich habe einmal gefragt: „Warum lügen Sie denn? Warum sagen Sie nicht: ‚Wir verhaften Sie!‘ Da antworteten Sie: „Ach, wissen Sie, dann machen die Weiber so ein Geschrei, und die Kinder heulen – und das will man vermeiden!“

Ich entgegnete: „Das wissen Sie ganz genau, daß meine Frau keine Szene macht und meine Kinder auch nicht. Warum lügen Sie also?“

Da ging mir blitzartig auf: Man kann lügen, daß es eine Sucht wird. In der Bibel sagt der Herr Jesus, daß der Teufel – und es gibt einen Teufel, glauben Sie mir! – der Vater der Lüge ist. Und mit jeder Lüge laufen Sie in sein Lager, nehmen Handgeld von ihm. Es ist etwas Merkwürdiges, wie man oft die Lüge leichtnimmt, wie man einfach lügen muß, auch wenn es gar nicht nötig ist.

Dieses entsetzliche Lügenmüssen der Menschen im Dritten Reich war furchtbar. Das ging bis in die Konzentrationslager hinein. Wenn die Juden in die Gaskammern getrieben wurden, erklärte man ihnen: „Ihr bekommt ein Bad!“ Jeder wußte, daß sie vergast wurden, aber das sagte man nicht! Selbst noch angesichts des Grauens des Todes wurde gelogen: „Wir wollen euch baden!“ Das war völlig sinnlos. Aber man mußte eben lügen! Jesus sagt: „Wer Sünde tut, der ist der Sünde Knecht“.

Das ganze öffentliche Leben war im Dritten Reich durch die Lüge vergiftet. Ich erinnere mich an ein bestimmtes Verhör. Ich war im Gefängnis und war zu einem Verhör aus meiner Zelle geholt worden. Ein Protokoll wurde aufgenommen. Der Beamte saß vor der Schreibmaschine – ich neben ihm – und sagte: „Ich mache fünf Durchschläge für die Gestapo, den Staatsanwalt usw. Sie können alle en bloc unterschreiben!“ Dann reichte er mir den Packen. Ich entgegnete: „Moment mal! Darf ich das Protokoll zuerst durchlesen?“

„Lassen Sie das! Sie wollen wohl Mißtrauen gegen mich aussprechen!“

„Sie können nicht verlangen, daß ich Ihnen mein unbegrenztes Vertrauen schenke. Und meine Mutter hat mich schon als Kind gelehrt, wenn ich mit meinem Namen unterschreibe, soll ich erst nachsehen, was dasteht. Erlauben Sie mir bitte!"

In dem Augenblick packt er zu und zerreißt – ich habe es gerade noch gesehen – ein völlig anderes Formular! Da wollten sie mich also in aller Dummheit etwas ganz anderes mit Durchschlag unterschreiben lassen. Zum Glück hatte ich noch nicht unterschrieben.

Der Mann brüllte: „Ab in die Zelle!"

Der Zwang zu lügen war und ist mir unheimlich. Dieses Lügenmüssen ging so weit, daß sie den lieben, treuen Gefängnispfarrer auch noch mit einspannten. Ich war eingesperrt und sollte einen Namen nennen, weigerte mich aber, das zu tun. Da kam der Pfarrer zu mir in die Zelle und sagte: „Also ich soll Ihnen bestellen, daß Ihre Lage hoffnungslos ist. Sie werden übermorgen ins KZ überführt!" Ich entgegnete: „Lieber Bruder, machen Sie mir jetzt keine Angst! Haben Sie eine Predigt bei sich?"

„Ja, von ..."

„Gut, setzen Sie sich auf diesen Hocker!" Es war nur einer in der Zelle. Ich setzte mich auf den Boden. „Lesen Sie mir bitte eine Predigt vor!"

Später verriet mir dieser Pfarrer: „Die Stapo-Leute haben mich vorher bearbeitet, ich sollte Ihnen nochmals alles vor Augen stellen!" Ich kam gar nicht ins KZ. Also auch der arme, kleine

Pastor wurde eingeschaltet, um mich fertigzumachen – durch Lügen!

Als ich mir jetzt dieses Erlebnis nochmals vor Augen führte, bin ich ganz neu erschrocken vor der Macht der Unwahrhaftigkeit und dem Zwang zu lügen. Das ist ja in unserer Zeit auch noch so. Da denke ich an Jesu Wort: „Wer aus der Wahrheit ist, der hört meine Stimme". Wahrheit und Lüge – das sind zwei Welten. Es war, als ob wir Mauern der Lüge vor uns hätten, Lüge im Großen und im Kleinen. Und wie einsam und hilflos standen wir oft davor!

Die andere Macht, die uns zu schaffen machte, war die Gesetzlosigkeit. Das Recht wurde einfach aufgelöst. Es ist schlimm, wenn ich in der verkehrten Richtung durch eine Einbahnstraße fahre und mich über den Polizisten ärgere, der es mir verwehrt. Oder wenn ein führender Politiker sich auf krummem Weg einen Jagdschein besorgt. Sie sagen vielleicht: „Aber das sind doch kleine Fische!" Ja, aber diese kleinen Dinge machen mich nervös, denn die Auflösung des Rechts ist das Ende jeder Gemeinschaft.

Ich vergesse nicht, wie mein verehrter Professor Heim einmal eine Predigt hielt über den Psalmtext: „In dem Reich dieses Königs hat man das Recht lieb!" Das hat er nur ausgelegt – ohne Seitenhiebe wie ich eben. Doch seine Predigt hat einen gewaltigen Sturm ausgelöst. Die Predigt wurde beschlagnahmt, verboten, denn sie traf ins Schwarze: die Auflösung des Rechts. Ich habe gleich bei meinen ersten Erfahrungen mit der Gestapo einen erschütternden Eindruck davon bekommen.

Ein SS-Mann, den ich kannte, der ab und zu im Gottesdienst gewesen war – damals war das noch möglich –, war in Schuld gefallen. Er hatte etwas unterschlagen, keine große Summe. Er hatte für seine Truppe Drillichanzüge besorgt und an jedem Anzug 20 Pfennig verdient. Das war verboten, deshalb war er verhaftet worden. Nun wünschte er Pastor Busch zu sprechen. Die Stapo genehmigte das Gespräch. Ich gehe also ins Präsidium. Da sitzen die Beamten der Stapo, ein paar höhere SS-Führer, und sagen: „Herr Pfarrer, der Mann ... möchte Sie sprechen." Ich erwidere: „Nett, daß Sie mir erlauben, zu ihm zu gehen!"

„Also, hm, sehen Sie, wir können wegen dieser Sache kein Verfahren eröffnen. Der Mann bekommt vielleicht 3 Monate. Aber das ist ja unmöglich. Für den gibt es nur einen Weg: er muß sich erschießen. Wir haben ihm einen Revolver in die Zelle gelegt. Dürfen wir Sie jetzt bitten, daß Ihre Seelsorge ganz in der Linie geht, daß Sie dem Mann zureden, sich zu erschießen!"

Mir graute. Ich antwortete: „Das – das können Sie nicht von mir verlangen!"

Auf einmal schlugen die SS-Leute einen anderen Ton an und drohten mir: „Wir verlangen von Ihnen, daß Sie dem Mann zureden, endlich diesen lösenden Schuß zu tun!“

Ich wehrte mich: „Was ich in der Seelsorge sage, müssen Sie mir überlassen!“

Daraufhin ging ich in die entsprechende Zelle und setzte mich. Es war ein Loch, oben ein Licht. So sperrte man Tiere nicht ein! Daß ich später genau in dieser Zelle wochenlang sitzen sollte, ahnte ich damals noch nicht.

Da saß nun dieser Mann vor mir – verzweifelt. Auf dem kleinen Tisch lag der Revolver. „Herr Pfarrer, soll ich?“

„Nein – Sie sollen nicht! Gott will nicht den Tod des Sünders, sondern daß er lebe. Mein lieber Freund, das bedeutet: Sie müssen vor Gott erst einmal Buße tun und den annehmen, der das Leben ist – Jesus.“

Es war eine erschütternde Unterredung. Er hat es dann auch nicht getan. Das war wohl der erste Anlaß der Staatspolizei, daß sie mir böse waren – weil ich ihnen nicht den Gefallen tat, diesen Mann zum Selbstmord zu treiben.

Aber damals ging mir erschreckend auf: das Recht ist machtlos! Im Propheten Habakuk heißt es einmal für die Endzeit: „Keine Sache des Rechts kann mehr gewinnen.“ Das Recht ist ohnmächtig geworden. Es ist entsetzlich, wenn es so weit kommt.

Angesichts dieser Situation war ein Christ unsagbar einsam. Ich glaube, daß alle echten Christen der damaligen Zeit diese furchtbare Einsamkeit erlebt haben, nicht zuletzt deshalb, weil der „christliche" Bürger sich von uns zurückzog. „Wir sind doch auch Christen!" sagten sie, „aber der Pfarrer Busch braucht die Leute nicht vor den Kopf zu stoßen!" Es gab damals einen Satz, der lautete: „Als Daniel in die Löwengrube kam, ist er nicht herumgelaufen und den Löwen auf die Schwänze getreten!" Ich aber sagte: „Doch, er lief herum und rief: „Schwänze weg! Ich komme im Namen des Herrn!" Das ist meine Überzeugung.

Einmal hatte ich als Jugendpfarrer in einer höheren Schule eine Schulandacht zu halten. Als ich meine erste Haft hinter mir hatte und wieder in die Schule kam, stand der Direktor zitternd vor mir und sagte: „Ich habe den Schülern verboten, zu Ihrer Andacht zu kommen." Er grüßte mich nicht mehr, obwohl wir uns sehr gut kannten – ein christlicher Mann, Presbyter in einer Gemeinde. Ja, mit einem Feld-, Wald- und Wiesenchristentum konnte man das alles vereinen.

Hand in Hand mit dieser Vereinsamung ging manchmal eine tiefe Verzweiflung. Was habe ich in den ersten Tagen, nachdem ich verhaftet worden war, für Abgründe an Verzweiflung erlebt! Ich weiß nicht, ob Jochen Klepper für Sie ein Begriff ist. Sonst befassen Sie sich einmal einen Abend mit ihm. Jochen Klepper war Christ, seine Frau Jüdin. Sie konnten nicht mehr miteinander ausreisen. Er erklärte: „Ich kann nicht dulden, daß meine Frau vergast wird!“ Man wollte ihn zwingen, sich scheiden zu lassen. Daraufhin hat er sich das Leben genommen. Wer will hier richten? Ich ahne, durch welche Dunkelheit der Verzweiflung dieser Mann gegangen ist.

Einmal lernte ich eine Frau kennen, deren Mann Arzt war. Sie waren glücklich verheiratet. Die Frau war Jüdin. Auch diesem Mann wurde befohlen, sich scheiden zu lassen. Er ließ sich scheiden, verjagte seine Frau, mit der er 30 Jahre glücklich gelebt hatte. Diese Frau stand eines Tages vor mir. Sie ist dann abgeholt und vergast worden. In welch unsagbare Verzweiflung wurden diese Menschen getrieben!

In einer Zelle, in der ich einmal saß, stand in der Wand eingeritzt: „O du Ort meiner dunklen Verzweiflung!“ Der Satz war in eine Ecke geschrieben, dort fand ich ihn eines Tages, ganz klein geschrieben. Man hatte ja nur die Fingernägel dazu. Da überfiel es mich: Was ist in dieser Zelle des Stapo-Gefängnisses an Verzweiflung, Not und Dunkelheit schon alles durchlitten worden!

Dazu kam die Angst. Ich hatte auch Angst. Einmal wurde eine Geschichte von mir erzählt, die die Runde macht: Bei meinem 75. Verhör hätte ich einen Blumenstrauß genommen, einen Frack angezogen und gesagt: „Das ist ein Jubiläum!" Wer das je geglaubt hat, der hat keine Ahnung, durch welche Todesängste wir gegangen sind. Man war in der Menschen Hände gefallen, und das ist schauerlich. Was wir vielleicht als Prediger des Evangeliums in exponierter Weise erleben mußten, das erlebte im Grunde jeder Jesusjünger im Dritten Reich.

Ich möchte jetzt auf die Frage eingehen, warum ich eigentlich von diesen vergangenen Zeiten spreche. Aus zwei Gründen. Der erste Grund ist politischer Art. Wir leben ja in einer Demokratie, das heißt, jeder Bürger ist mit verantwortlich für das, was die Regierung entscheidet. Es ist erschreckend, daß es in einer Demokratie so weit gekommen ist, daß der größte Teil der Jugend sagt: „Wo können wir Verantwortung übernehmen? Wir können ja gar nicht mehr eingreifen!" Deshalb möchte ich Ihnen sagen: Sie haben eine politische Verantwortung! Sie sind verantwortlich, daß Nein gesagt wird! Vergessen Sie nicht, daß Hitler nicht durch einen Staatsstreich an die Macht kam, sondern völlig legal. „Bis zur letzten Leitersprosse!" sagte er. Er wurde gewählt, die Nationalsozialisten wurden die stärkste Partei. Der Präsident Hindenburg übergab ihm die Regierungsbildung – völlig legal. Er brachte ein Gesetz ein, das ihm alle Vollmachten gab und alles übrige entmächtigte. Das wurde angenommen. Alles geschah auf legalem Wege. Deshalb bin ich der Ansicht, wir sollten über diese Dinge nicht einfach schweigen.

Der zweite Grund, weshalb ich über meine Erfahrungen unter Hitler spreche, ist gewissermaßen ein geistlicher Grund. Die Bibel spricht davon, daß die Entwicklung der Weltgeschichte auf ein ganz gewaltiges Ereignis hinzielt, nämlich die Wiederkunft Jesu als König und Herr. Ich rechne mit dieser Wiederkunft Jesu. Das sagt die Bibel voraus. Es gibt noch einmal eine dunkle Mitternachtsstunde für die Welt, ein letztes diktatorisches Weltreich. Das heißt, wir erleben noch eine Weltdiktatur. Und es sieht ganz danach aus, als ob diese apokalyptischen Linien der Bibel gewaltig auf uns zustürzten. Deshalb sollten sich Christen immer fragen: Wie werde ich mich verhalten, wenn ich solche Zeiten erleben werde? Werde ich sagen: „Wir mußten doch!" Oder werden Sie dem Herrn aller Herren gehören, der Sie mit Seinem Blut erkauft hat?

Meine alte Mutter – sie ist jetzt in der Ewigkeit – hat uns Kindern erzählt, wie sie noch ein kleines Kind war im schwäbischen Schulhaus auf der Alb. Da war eine alte Magd, die abends die Kinder ins Bett brachte und dann zu ihnen sagte: „Kinder, wenn es soweit ist, nehmt einmal nicht das Abzeichen des Antichristen an!" Das hat mir immer mächtig imponiert.

Wir leben in der Gewißheit: Die Christenheit wird noch einer letzten großen Bewährungsprobe ausgesetzt. Da kommt man mit ein bißchen Christentum nicht durch, wenn es darum geht und ich gewürfelt werde, ob ich dem Herrn gehöre oder nicht.

Darum rede ich davon, um Ihnen an dem kleinen Windstößchen des Dritten Reiches, das ja das Vorbild für das antichristliche Reich ist, die Frage ins Gewissen zu schieben: Wie steht es mit meinem Christsein? Könnte ich einmal standhalten?

Ich hatte gesagt, die Stellung eines Christen damals, bedroht von der Gestapo, war oft von Einsamkeit, Angst und Verzweiflung geprägt. Durch welche Angst ist meine arme Frau gegangen, wenn es hieß: „Es sind zwei Herren da!“ Einmal machten sie eine Hausdurchsuchung, weil sie Flugblätter suchten. Während ich im Erdgeschoß mit ihnen redete, sieht meine Frau im ersten Stock die Flugblätter liegen und fragt sich verzweifelt: Wo kann ich sie verstecken? Kurz entschlossen schiebt sie sie unserer 13jährigen Tochter, die gerade krank im Bett lag, unter die Bettdecke! Danach durchstöbert die Stapo das Haus, kommt in das Zimmer, wo das kranke Kind liegt und findet nichts. Aber welche Angst hat das arme Kind ausgestanden! Ja, sie haben alle teilgehabt an der Angst.

Jetzt drängt sich die Frage auf: Ja, und Gott? Schwieg er denn einfach, als alles schiefging, die Bomben krachten, die Städte brannten? Damals schrien die Leute: „Wo ist denn Gott? Warum schweigt er?"

Ich möchte in aller Deutlichkeit sagen: Gott, der lebendige, heilige Gott, kann einem ganzen Volk gegenüber schweigen, nichts mehr zu sagen haben. Aber Er spricht zu Seinen Kindern, und ich möchte Sie warnen: Fürchten Sie nichts so sehr, wie unter Gottes völliges Schweigen zu geraten!

Nun möchte ich noch berichten, wie Gott mich von der Angst vor der Staatspolizei befreit hat, weil ich eine größere Angst kennenlernte. Ich war zum ersten Mal im Gefängnis. Eine furchtbare Angst und Verzweiflung packte mich, bis ich auf einmal merkte, daß Gott mit mir reden wollte. Er fing an, mit mir über mein Leben zu reden. Das habe ich bei jeder Haft so erlebt. Zuerst war das Herz empört, bis ich stille wurde und aufmerkte. Da zeigte mir Gott all meinen Hochmut, alle Unreinigkeit, Lüge und Lieblosigkeit – und auf einmal erkannte ich, daß Gott zornig ist. „Gottes Zorn entbrennt über alles sündige Wesen der Menschen", sagt die Bibel. Und Sein Zorn loderte in meiner Zelle.

Die meisten Menschen laufen weg, wenn ihnen bewußt wird, daß Gott mit ihnen reden will. Dann gehen sie ins Kino oder machen irgendwie Betrieb. Im Gefängnis aber konnte ich nicht weglaufen. Das war schauerlich, aber auch segensreich. Er hielt mich zwischen den beiden

Zellenwänden fest: „Ich rede jetzt mit dir, Sünder, verfluchter!" Alles, was ich getan hatte, warf Gott in Scherben zu Boden. Ich weiß heute, wie es am Jüngsten Tag sein wird, wenn Gott uns unser Leben vor die Füße wirft. Nackt und bloß stehen wir dann vor Ihm. „Irret euch nicht, Gott läßt sich nicht spotten!"

Ich habe damals gelernt, was die Hölle ist. Hölle ist, daß man in Ewigkeit unter diesem Zorn Gottes bleibt. Ich weiß sonst nicht, wie die Hölle aussieht, aber das weiß ich, es bedeutet: weggeworfen, weggetan von Gott! Da verlor ich die Angst vor diesen lächerlichen SS- und Gestapo-Leuten, weil ich die Angst vor Gott kennenlernte.

Ich möchte Sie fragen: Haben Sie schon einmal Angst vor Gott gehabt? Wenn nicht, haben Sie überhaupt noch nicht angefangen, die Wirklichkeit zu sehen, nämlich die Wirklichkeit, daß uns ein heiliger Gott umgibt und uns sieht. Doch die Menschheit kümmert sich einen Dreck um Ihn, tritt Seine Gebote mit Füßen. Das geht doch nicht! Vielleicht muß Er Sie auch einmal irgendwie in die Stille führen, wo Sie Ihm nicht mehr weglaufen können.

Doch dann, als ich dachte: „O Herr, ich bin verloren!", da kam Jesus und zeigte mir Seine Hände mit den Nägelmalen. Und auf einmal begriff ich, was ich seit eh und je gewußt hatte: Er hat meine Sünde weggetragen! Die Strafe liegt auf Ihm, Er hat sie auf Golgatha getragen, auf daß ich Frieden hätte. Er macht mich gerecht vor Gott. Er ist mein Friede!

Seit ich die Jugendarbeit aufgegeben habe, habe ich viele Seelsorge-Gespräche geführt. Alle möglichen Leute baten in persönlichen Gesprächen oder in Briefen um Rat und Hilfe. Dabei begegnen mir immer wieder viele Christen, die keine Freudigkeit und keine Heilsgewißheit haben. Das liegt daran, daß sie das Kreuz Jesu noch nicht verstanden haben. Er hat uns und mich erkauft – auch wenn alles drunter und drüber geht. Weil er mich erkauft hat, bin ich sein Eigentum. Er hat mit Seinem Blut bezahlt, und deshalb gehöre ich Ihm. Ich bin vielleicht Sein schlechtes Eigentum, aber ich gehöre Ihm.

Auf einmal wurde es hell in meiner Zelle. Sie wurde zum Tempel Gottes. Beinahe erging es mir so wie den Priestern des Königs Salomo, als der Tempel eingeweiht wurde. Damals wurde der Tempel so erfüllt von Gottes Herrlichkeit, daß die Priester nicht mehr stehen konnten, sie mußten raus. Ich aber konnte nicht raus, doch ich konnte es beinahe nicht aushalten vor Freude, „… daß ich einen Heiland habe, der vom Kripplein bis zum Grabe, bis zum Thron, da man ihn ehret, mir, dem Sünder, zugehöret!" Einen Heiland, der mir Frieden mit Gott schenkt, Frieden ins Herz, Frieden dem Strom gleich. Er hat mich zu einem Kind Gottes gemacht, daß ich die ganze Welt auslachen, dem Teufel ins Gesicht lachen kann und seinen Trabanten zweimal.

Gott kann einem ganzen Volk gegenüber schweigen, aber Er redet zu Seinen Kindern. Wenn ich vor mir eine Schar junger Menschen sehe, dann wünsche ich ihnen, daß sie aus religiösen Gefühlen und unklaren Vorstellungen zur Erkenntnis der Wahrheit und Wirklichkeit kommen und einsehen: ich bin ein verlorener Mensch! Das ist Tatsache. Gott läßt sich nicht spotten. Und das Wunder ist, wie Luther es im Katechismus ausdrückt: „... daß Er mich verlorenen und verdammten Menschen erlöst hat, erworben und gewonnen von allen Sünden, nicht mit Gold oder Silber, sondern mit seinem heiligen, teuren Blut, auf daß ich sein eigen sei."

Zum Schluß möchte ich noch eine kleine Frage, die sich aufdrängt, beantworten. Diese Staatspolizei-Beamten waren doch auch Menschen. Was waren das für Menschen? Hinter ihrer Uniform steckte doch ein Mensch! Wenn ich so in meiner Zelle saß oder ein Verhör hatte, versuchte ich manchmal mich zu fragen: Gibt es denn eine Möglichkeit, durch diese Schicht von Haß, Feindschaft und Beamtentum durchzubrechen zu euren Herzen und Gewissen? Manchmal habe ich das andeutungsweise erlebt.

In der Zeit, da ich Jugendpfarrer war, hatte ich etwa 50 junge Mitarbeiter, die jeden Sonntag Hausbesuche machten. Da wurde ein großer

Schlag gegen mein Jugendhaus geführt. Man machte bei 50 Mann Haussuchung, wobei alles mögliche beschlagnahmt und auf einem Lkw abgeführt wurde. Dann wurden die 50 Leiter vorgenommen. Jeder bekam Haussuchung. Danach kamen die Eltern zu mir gestürzt. Die Stapo warf ganze Schränke einfach um, die Wohnungen sahen nachher wie Schlachtfelder aus. Damals war schon Krieg, deshalb brauchten sie auf die Volksstimmung keine Rücksicht mehr zu nehmen. Sie konnten alles erzwingen. 50 Wohnungen wurden einfach verwüstet und die Jungen vorgeladen. Am Schluß kam ich an die Reihe. Nachdem die Stapo-Leute 50 junge Männer einzeln verhört hatten, die ich vorher nicht instruieren konnte, erlebte ich einmal, wie so eine Kruste brach.

Ein Beamter sagte zu mir: „Pastor Busch, wir haben 50 Ihrer jungen Leute verhört, und es hat uns keiner angelogen. Sie haben offen gesagt, daß sie heimlich Freizeiten gemacht hätten, sie haben sich zum Schaden geredet, aber sie haben nicht gelogen. Was ist das für eine Welt?" Ich antwortete: „Das ist die Welt, die Sie hassen!" In diesem Moment spürte ich: Dieser Mann war erschüttert von der Tatsache, daß es eine Welt gibt, in der man nicht lügt. „Herr Pfarrer, jetzt lügen Sie uns auch nicht an!" „Nein", sagte ich, „das brauche ich nicht."

Als ich einmal in meiner Zelle saß, sagte ich zu einem der Beamten: „Ich möchte nicht mit

Ihnen tauschen!" Da wurde er ganz wild und schrie: „Das ist doch Wahnsinn!" – „Nein, ich möchte nicht mit Ihnen tauschen. Dem Herrn Jesus gehören mit all seiner Sünde und Schwachheit, weil Er mich erkauft hat, ein Kind Gottes sein ist so etwas Herrliches, daß ich nicht mit Ihnen tauschen möchte." Da brüllte er los. Aber ich spürte in späteren Gesprächen: das war ihm unfaßbar. Da sitze ich in meiner Zelle, geschändet und erniedrigt, er der stolze Mann in Uniform, und ich wollte nicht mit ihm tauschen!

Das waren Augenblicke, in denen man spürte: Jetzt bröckelt etwas von der Kruste ab. Sie haben Heimweh. Und ich bin überzeugt, daß jeder Mensch dieses Heimweh hat. Es waren ja arme Leute, diese SS- und Staatspolizeileute. Als 1945 alles zusammenbrach, fielen sie ins Nichts und begingen haufenweise Selbstmord. Der Chef unserer Staatspolizei, den ich ein paar Tage vorher noch in einem Bunker gesprochen hatte, hat sich aufgehängt in seiner Zelle. Es war nichts mehr zu hoffen.

Jedes Menschenleben kommt im Grunde einmal an so eine Grenze, wo man sich fragt: „Was bleibt eigentlich?" Es bleibt nichts als das Heil Gottes in Jesus. Ich wünsche Ihnen, daß Sie es haben. Und ich möchte noch einmal betonen: In dem Augenblick, wo ich mich auf die Seite Jesu stelle, spielt Gott geheimnisvoll mit, in geradezu unheimlicher Weise.

Mein Bruder Johannes war einmal verhaftet worden und in Bochum ins Gefängnis gekommen. Ich hörte, er würde am Soundsovielten entlassen, fuhr hin und holte ihn ab. Die zwei Stunden, die wir dann miteinander verbrachten, sind mir unvergeßlich. Er hatte dasselbe erlebt wie ich. Zwei Tage lang hatte ihn eine abgrundtiefe Verzweiflung und Angst gepackt. Dann endlich hatte Gott ihm das Ohr geöffnet. Gott redete im Gericht, und danach erkannte mein Bruder ganz neu Jesus als seinen Heiland. Er erzählte sein erschütterndstes Erlebnis:

In dem Polizei-Präsidium führte eine kleine Treppe von drei Stufen auf die Straße hinaus. Es war eine Marmor- oder Kunststeintreppe und ziemlich glatt. Man hatte meinen Bruder abends verhaftet. Wenn so ein bekannter Pfarrer in den Knast kam, gab es immer eine große Aufregung. Das stand sofort in den ausländischen Zeitungen – in der Schweiz, in Dänemark und Holland. So war bei den Beamten dort auch eine ziemliche Aufregung und Diskussion entstanden über die Frage: Ist es richtig oder nicht, diesen Pfarrer einzusperren? Einer schrie: „Es ist richtig! Den Pfaffen gehört das Maul gestopft!" Dieser Schreier geht an jenem Abend aus dem Präsidium. Irgend jemand hatte eine Bananenschale auf diese drei Stufen geworfen. Der Mann rutscht auf diesen Stufen so unglücklich aus, daß er mit dem Kopf hinten aufschlägt und sofort tot ist.

Können Sie sich diese Situation vorstellen! Da wurde ein Pfarrer eingeliefert, den man als Zeugen Jesu kennt, ein SS-Mann schreit: „Es ist richtig!“, und eine halbe Stunde später liegt dieser Mann tot auf der Treppe!

Natürlich können Sie sagen: Das war Zufall! Klar. Das kann ich Ihnen nicht widerlegen. Aber das weiß ich, daß die Stapo-Beamten nicht mehr an Zufall glauben. Mein Bruder sagte: „Da fing die Seelsorge an. Einer nach dem andern kam völlig aufgelöst zu mir und fragte: ‚Sagen Sie, gibt es einen Gott, der töten kann?‘ ‚Ja, und das ist noch ein Kinderspiel – auf der Treppe ausrutschen und tot sein. Aber was dann kommt!‘“, antwortete mein Bruder.

„Ja, wie – wie sollen wir errettet werden?“

Mein Bruder erzählte: „Die paar Tage waren eine Evangelisation, wie ich in meinem Leben noch keine erlebt habe.“

Ja, dieses merkwürdige Mitspielen Gottes in diesen Ereignissen ist mir immer wieder deutlich geworden.

Nachwort des Veranstalters

Wenn ich so etwas gehört habe, möchte ich für mich den Abend beschließen mit der Bitte, daß Gott mich treu erhalten möge, wenn es einmal ernst werden sollte für uns. Reinhold Schneider sagte im Rückblick auf das Dritte Reich: „Wir sind in der großen Schlacht gewesen, die um die Seelen ging, dieser einzigen Schlacht der Geschichte." Und sie geht weiter. Auch nach 1945, auch im Westen bei uns. Und sie wird weitergehen, bis der Gott der Geschichte seinen Schlußpunkt setzt. Luther sprach vom „lieben, jüngsten Tag". Und die Gemeinde Jesu weiß von diesen Zwangsbeglückern, deren Spur von Blut und Tränen trieft: Diese Herren gehen, aber unser Herr kommt!

Psalm 34

Ein Psalm Davids, da er seine Gebärde verstellte vor Abimelech, als der ihn von sich trieb und er wegging.

Ich will den Herrn loben allezeit; sein Lob soll immerdar in meinem Munde sein.

Meine Seele soll sich rühmen des Herrn, daß es die Elenden hören und sich freuen.

Preiset mit mir den Herrn und laßt uns miteinander seinen Namen erhöhen.

Da ich den Herrn suchte, antwortete er mir und errettete mich aus aller meiner Furcht.

Welche auf ihn sehen, die werden erquickt, und ihr Angesicht wird nicht zuschanden.

Da dieser Elende rief, hörte der Herr und half ihm aus allen seinen Nöten.

Der Engel des Herrn lagert sich um die her, so ihn fürchten, und hilft ihnen aus.

Schmecket und sehet, wie freundlich der Herr ist. Wohl dem, der auf ihn traut!

Fürchtet den Herrn, ihr seine Heiligen! denn die ihn fürchten, haben keinen Mangel.

Reiche müssen darben und hungern; aber die

den Herrn suchen, haben keinen Mangel an irgendeinem Gut.

Kommt her, Kinder, höret mir zu; ich will euch die Furcht des Herrn lehren.

Wer ist, der Leben begehrt und gerne gute Tage hätte?

Behüte deine Zunge vor Bösem und deine Lippen, daß sie nicht Trug reden.

Laß vom Bösen und tue Gutes; suche Frieden und jage ihm nach.

Die Augen des Herrn merken auf die Gerechten, und seine Ohren auf ihr Schreien; das Antlitz aber des Herrn steht wider die, so Böses tun, daß er ihr Gedächtnis ausrotte von der Erde.

Wenn die Gerechten schreien, so hört der Herr und errettet sie aus all ihrer Not.

Der Herr ist nahe bei denen, die zerbrochenen Herzens sind, und hilft denen, die ein zerschlagenes Gemüt haben.

Der Gerechte muß viel leiden; aber der Herr hilft ihm aus dem allen.

Er bewahrt ihm alle seine Gebeine, daß deren nicht eins zerbrochen wird.

Den Gottlosen wird das Unglück töten, und die den Gerechten hassen, werden Schuld haben.

Der Herr erlöst die Seele seiner Knechte, und alle, die auf ihn trauen, werden keine Schuld haben.

Meine Seele soll sich rühmen des Herrn

Von der Freudigkeit

„Meine Seele soll sich rühmen des Herrn, daß es die Elenden hören und sich freuen."

Ich hoffe, Sie lesen die Bibel aufmerksam. Wenn Sie's nicht tun, streichen Sie bitte den Namen Christi aus Ihrem Leben. Christen sind nämlich Leute, die selbständig in ihrer Bibel lesen; sie können gar nicht anders.

Wer die Bibel aufmerksam liest, dem geht auf, daß die Menschen der Bibel eine Eigenschaft haben, die in der Welt weithin unbekannt ist. Sie kommt im Sprachschatz der Zeitungen als Wort nicht einmal vor, so unbekannt ist diese Eigenschaft. Diese Eigenschaft, die nur wirkliche Christen besitzen, heißt Freudigkeit.

Was ist Freudigkeit? Preisausschreiben: Was ist Freudigkeit?

Ich möchte Ihnen einen Zettel geben und sagen: „Schreiben Sie einmal auf diesen Zettel, was Freudigkeit ist."

Es handelt sich um ein mittelhochdeutsches Wort und heißt eigentlich „Freidigkeit" oder auch „Freiheit"; es hängt mit „frei" zusammen. Wir sagen „Freudigkeit"; es hat also mit „Freude" zu tun.

Da könnte man ja sagen: Das sind also Leute, die sind immer fröhlich.

Ja, das ist auch dabei. Aber das allein drückt es noch nicht aus.

Was ist Freudigkeit? Heißt das: Mut haben?

Das gehört auch dazu, das ist sogar ein Stück davon. Aber das drückt es immer noch nicht richtig aus.

Ist es: eine Hoffnung sehen, wo die andern alles grau in grau sehen?

Ja, auch das gehört zur Freudigkeit.

Das Wort ist sehr schwer zu erklären.

Ich habe eine Zeitlang versucht, das Wort mit „Vitalität" zu übersetzen. Die Menschheit ist so maßlos langweilig, verstehen Sie? Freudigkeit – so wie Petrus sie hatte. Aber Vitalität, das gehört auch dazu.

„Ihr werdet hüpfen wie Mastkälber", sagt die Bibel am Schluß des Alten Testaments. „Ihr werdet hüpfen wie Mastkälber." Das ist Vitalität von Gott gesehen.

Aber das ist es auch noch nicht ganz.

Was in aller Welt ist denn Freudigkeit?

Fragen Sie einen Theologen; der gibt Ihnen eine Erklärung, da sagen Sie am Schluß: „Das ist großartig, aber kapiert habe ich es leider nicht."

Fragen wir also lieber die Bibel.

Da ist nun diese schöne Szene. Da stehen die beiden Fischer Petrus und Johannes vor dem Hohen Rat, der Prominenz ihres Volkes. Man hat sie angeklagt, daß sie mit der Botschaft von der Auferstehung Jesu Unruhe ins Volk bringen.

Diese Botschaft bringt tatsächlich Unruhe ins Volk! Daß bei uns die Christenheit keine Unruhe verursacht, das liegt nur daran, daß kein Mensch von der Auferstehung Jesu ernsthaft etwas weiß.

Ja, sie bringen mit der Botschaft von der Auferstehung Jesu Unruhe ins Volk.

Die beiden Apostel sind also angeklagt. Da sitzen die Männer des Hohen Rates, streichen ihre Bärte und runzeln ihre Stirn und sagen: „Wie könnt ihr ..."

Und da wettert dieser ehemalige Fischer Petrus – Verzeihung, ich kann das nur so ausdrükken, denn er ist in höflichen Formen nicht allzu sehr bewandert –, er schmettert dieser ganzen Prominenz ins Gesicht: „Es ist in keinem andern Heil für die ganze Welt als in diesem Jesus."

Hier kommt nun das, was mich interessiert: „Sie sahen aber an – da steht das Wort – die Freudigkeit des Petrus und Johannes und wunderten sich."

Nun müßte es doch meiner Meinung nach logisch weitergehen: „... und wunderten sich, daß diese Leute Freudigkeit hatten, wo sie doch Gefangene waren, sich in einer wirklich prekären Situation, in einer miesen Lage befanden." Sie waren tatsächlich in einer ganz dummen Lage.

Aber da heißt es so: „Sie sahen an die Freudigkeit des Petrus und Johannes und wunderten sich, weil sie wußten, daß die beiden ungelehrte Leute waren."

Damit soll gesagt werden, daß die Schriftgelehrten und Ältesten Israels das Wort „Freudigkeit" noch kannten. Sie deuteten es so: „Freudigkeit ist geistige Überlegenheit." Aber die kann man doch unmöglich bei ungebildeten Fischern finden. Verstehen Sie? Das ist der Zusammenhang.

Freudigkeit ist geistige Überlegenheit – das gehört auch zur Freudigkeit. Und das ist das Phantastische, daß diese Fischer geistig überlegen sind.

Ach, meine Freunde, es ist sicher nicht notwendig, daß wir genau sagen können, was Freudigkeit ist. Aber es ist sehr notwendig, daß wir sie haben, sonst ist unser ganzer Christenstand keine drei Pfennige wert.

Wer nun Freudigkeit studieren will, der muß den 34. Psalm lesen!

Seitdem ich junger Pfarrer bin und meine ersten Enttäuschungen erlebte, ist er mir durch einen Bekannten, der blind war, unsagbar wichtig geworden. Dieser Blinde hat mir das Verständnis für den 34. Psalm gewissermaßen beigebogen.

Psalm 34 ist der Psalm der Freudigkeit. Den hat David gedichtet. Ich möchte ihn Ihnen als kleines Vermächtnis hinterlassen.

Nochmals: David hat ihn gedichtet – seltsamerweise! –, als er am Tiefpunkt seines Lebens stand, als es wirklich nicht noch tiefer gehen konnte, als er zwischen Himmel und Erde keinen Platz hatte, wo er bleiben konnte. Er war an dem Punkt angekommen, wo man verzweifelt. Da hat er den Psalm von der Freudigkeit gedichtet: „Ich will den Herrn loben allezeit; sein Lob soll immerdar in meinem Munde sein. Meine Seele soll sich rühmen des Herrn."

Diese Aussage ist nun nicht unnüchtern oder enthusiastisch, wie das vorkommt. „Der Herr ist denen nahe, die zerbrochenen Herzens sind." Merken Sie bitte: zerbrochenen Herzens. „Er hilft denen, die ein zerschlagenes Gemüt haben."

Das heißt: Freudigkeit ist in keiner Weise von den Umständen abhängig. Ich kann krank sein mit Ischias, ich kann Zahnschmerzen haben, ich kann mein Geld verloren haben, ich kann – was weiß ich alles – im Examen durchgefallen sein. Deswegen kann ich doch Freudigkeit haben. Freudigkeit ist in keiner Weise von den Umständen abhängig.

Wovon denn?

Meine Freunde, in Psalm 34, in unserem Vers, wird ein klein wenig von den Quellen gesagt, aus denen die Freudigkeit fließt.

„Meine Seele soll sich rühmen des Herrn." Die erste Quelle, aus der die Freudigkeit fließt, ist die feste Gewißheit um meinen Herrn, das feste Wissen um meinen Herrn.

Ich will Ihnen das ausführen.

Für den modernen Menschen ist es selbstverständlich, daß alles, was mit der Bibel, mit Christentum oder Religion zusammenhängt, eine unklare und verschwommene Sache ist.

Das ist natürlich auch kein Wunder. „Ach", sagt der moderne Mensch, „Christentum!"

Mich fragte ein Mann, ein Direktor eines Industriewerkes aus der Gegend hier: „Ich habe so viele Vorträge über Christ und Aufrüstung, Christ und Wirtschaft und so weiter gehört. Aber was ist denn ein Christ? Das weiß kein Mensch."

Sehen Sie, das ist das Verschwommenste, was es gibt.

„Ach", sagt der moderne Mensch, „schon die vielen Konfessionen. Gehören zum Christentum Kardinalshüte oder Bischöfsstäbe, Weihrauch und Orgeln? Oder ist das auch noch Christentum, wo nur ein Posaunenchor sitzt – einmal mit vier Zugposaunen, wie ich gehört habe?"

Die vielen Konfessionen und dann die Unsicherheit der Kirche. Die Kirche, die feierlich erklärt, daß sie gegen die Aufrüstung sei, und jetzt alles hat – von Pazifisten bis zum Militärbischof. Ja, was denn nun?

„Ach“, sagen die Leute, „Christentum ist so verworren. Und dann die vielen Sekten.“ Nicht Insekten, Sekten meinen sie.

Dann geschieht etwas ganz Merkwürdiges. Dann sagen die Leute von heute – viele von Ihnen vielleicht auch –: „Wenn alles so verworren ist, mache ich mir eben mein eigenes Christentum.“

Das ist dann aber der Gipfel aller Verworrenheit!

Als Pfarrer kriege ich dann oft zu hören: „Ich glaube natürlich an den Herrgott, aber wie kann er das nur alles zulassen? Ist er vielleicht doch nicht da? Im übrigen bin ich selbst ja vorzüglich. Aber selbstverständlich – Kirche muß sein. Die Kirche gehört überall dazu.“ Und so weiter.

Das ist der Gipfel aller Verworrenheit – das Christentum, das sich der Mensch dann selbst zurechtmacht.

Ich fasse noch einmal zusammen: Für die meisten Menschen ist das Christentum ein qualmartiges, nebelhaftes Gebilde, nicht ganz unnützlich für die Erziehung der Kinder bis zum 14. Lebensjahr, im übrigen aber ein Gebilde, dem man sich aus Ehrfurcht fernhält.

Habe ich recht gesprochen, Genossen? fragen die Russen.

Wie anders spricht David: „Meine Seele soll

sich rühmen des Herrn." Da ist nicht die Spur von Nebel, nicht die Spur von Unklarheit.

Da ist einer, der mein Herz vor Freude quellen läßt. Da ist einer, der aus dem Nebel hervortritt und den ich deutlich sehe: der Herr, der Herr Jesus Christus.

Da ist einer, der mich liebt und der mich kennt und den ich liebe und den ich kenne. Da ist nichts mehr qualmartig oder nebelhaft. Da ist ein „Ich-Du-Verhältnis" mit unserem Herrn von einer geradezu phantastischen Großartigkeit.

Wundern Sie sich bitte nicht, daß ich sage, David hat den Herrn Jesus Christus gekannt.

Wer in der Geschichte der Bibel zu Hause ist – das sind etwa sieben Prozent in Deutschland –, weiß genau, daß David über tausend Jahre vor dem Kommen Jesu gelebt hat. Wie kann er dann über Jesus reden?

Die Bibel muß durch die Bibel ausgelegt werden.

In der Apostelgeschichte wird erzählt, daß Petrus eine Pfingstpredigt hält, und da sagt er in Apostelgeschichte 2 – bitte lesen Sie es nach –, daß David im Geist Jesus gesehen hat und daß er von der Auferstehung des Gekreuzigten gepredigt, verkündigt, gesungen hat. Das ist für mich maßgebend!

„Meine Seele soll sich rühmen des Herrn."

Da ist einer, der Sohn Gottes, der Herr Jesus Christus. Da ist völlige Klarheit.

Der Herr Jesus hat einmal ein schönes Wort gesagt, das ist wundervoll: „Das ist aber das ewige Leben, daß sie dich, der du allein wahrer Gott bist, und den du gesandt hast, Jesus, erkennen." Da kommt aus dem Nebel einer auf mich zu. Mein Herz wird bewegt.

Viele von Ihnen kennen ihn noch gar nicht. Aber sie werden von ihm angezogen. Er tritt immer deutlicher aus dem Nebel heraus. Und dann erkenne ich ihn: Mein Herr und mein Gott! Jesus, Sohn Gottes.

Das ist das ewige Leben: Jesus erkennen. Ich sage Ihnen: Das ist Freudigkeit. Wenn man aus diesem schrecklichen Gewirr von Religion, Christentum und Kirche und was weiß ich nicht alles herauskommt und den Heiland gefunden hat, das ist Freudigkeit. Da ist keine Verworrenheit mehr.

Nun sagen Sie: „Ja, ja, ich kenne Jesus. Natürlich kenne ich Jesus."

Da lautet meine Frage: „Moment mal, wie kennen Sie ihn denn? Vom Hörensagen?"

Ich kenne den Präsidenten der Vereinigten Staaten. Ich weiß, daß er gern im Schaukelstuhl sitzt. Ich weiß, daß er einige Schäden an der Bandscheibe hat. Und noch einiges mehr weiß ich von ihm. Er gehört beispielsweise zur jungen Generation der Politiker, die beunruhigend auf die Welt wirken. Das alles weiß ich.

Aber der Präsident kennt mich nicht, hat noch

nie mit mir gesprochen – ich habe auch noch nie mit ihm gesprochen. Kenne ich ihn nun, oder kenne ich ihn nicht?

Ich kenne ihn vom Hörensagen. Ich weiß auch bestimmt, daß er da ist. Aber ich kenne ihn nicht.

Kennen Sie den Herrn Jesus?

Sie haben eine ganze Menge von ihm gehört. Sie haben vielleicht auch schon über ihn nachgedacht. Aber David ist ihm begegnet.

Der Herr Jesus ist seit Ewigkeit bei seinem Vater. Darum konnte er David begegnen.

Ich danke Gott, daß hier auch Leute sind, die Jesus so kennen. Das ist nämlich die Quelle der Freudigkeit, das feste Wissen um den Herrn Jesus.

Jesus ist am Kreuz gestorben, Jesus ist aus dem Grab auferstanden. Er ist der Sohn Gottes. Ihn wirklich erkannt zu haben, das ist Quelle der Freudigkeit.

Dieses Kennen des Herrn Jesus ist eine merkwürdige Sache; darüber muß ich Ihnen noch etwas sagen.

Vor dreißig, vierzig oder 45 Jahren habe ich ihn kennengelernt. Auf einmal entdeckte ich: Ich kenne ihn schlecht. Paulus drückt es so aus: „In ihm liegen verborgen alle Schätze der Weisheit." Ich würde mit dem Kennenlernen gar nicht fertig.

Wir wollen nach den Quellen der Freudigkeit fragen.

Das erste ist ein gewisses Wissen um diesen Herrn, heraus aus der Nebelhaftigkeit aller religiösen Verworrenheit.

Zweite Quelle: Konsequenz im Denken

Eine weitere Quelle der Freudigkeit – darf ich es einmal so ausdrücken: eine unerbittliche Konsequenz im Denken: „Ich will den Herrn loben allezeit." Das heißt: keinen anderen mehr.

Sie loben auch Jesus. Sie haben vielleicht ein Loblied gesungen – es war erbärmlich, aber immerhin haben Sie Jesus gelobt! Aber hinterher loben Sie noch eine ganze Menge andere Menschen und Dinge. Das ist Inkonsequenz. Was loben wir nicht alles.

„Meine Seele soll sich rühmen des Herrn."

Wir Deutschen haben eine verzweifelte Neigung, uns an die Politiker zu hängen. „Meine Seele soll sich rühmen" – etwa eines Adenauers? „Meine Seele soll sich rühmen" – eines Willy Brand?

Wir Deutschen haben leider diese verzweifelte Neigung – bei aller Christlichkeit –: „Meine Seele soll sich rühmen – irgendeines Menschen."

Oder – oder wir rühmen uns selbst. Wir haben eine genauso verzweifelte Gabe, uns selbst zu rühmen.

Da geht ein junger Mann an einer Schaufensterscheibe vorbei. Ich sehe so, wie er sie als Spiegel benutzt und zu sich sagt: „Siehe, wie hat mich mein Schöpfer so schön geschaffen."

„Meine Seele soll sich rühmen" – meiner.

Wir rühmen uns unserer Abenteuer, unserer Geschicklichkeit und Tüchtigkeit als Geschäftsleute, unseres Reichtums oder unseres Wagens.

Ich pflege zu sagen: Ein junger Mann rühmt sich seiner Kraft. Eine alte Oma, die das nicht mehr kann, rühmt sich einfach ihrer vielen Krankheiten – bäh! Jeder hat schließlich etwas zum Rühmen.

Das Tollste, was mir jemals begegnet ist: Neulich hat mir jemand erzählt, wie unsagbar demütig und bescheiden er sei. Der hat sich seiner Bescheidenheit gerühmt.

Stellen Sie sich vor, sogar das bringen wir fertig.

Jetzt kommt etwas sehr, sehr Wichtiges: „Meine Seele soll sich rühmen des Herrn."

Wenn Sie den ganzen Psalm lesen, hat dieses Wort als Hintergrund einen Bankrott: Ich kann mich nicht mehr der Menschen rühmen und nicht mehr meiner selbst rühmen.

Der Hintergrund dieses Wortes ist eine abgrundtiefe Verzweiflung. Der Hintergrund dieses Wortes ist eine Hölle. Und durch diese Hölle ist der junge Mann David damals geführt worden.

Diese Hölle bestand darin, daß Gott ihm sein eigenes Herz aufdeckte, ihn in sein Licht stellte. Da konnte er nur noch singen – ich sag's mit den Worten Paul Gerhardts –: „An mir und meinem Leben ist nichts auf dieser Erde."

Da sah David in seinem Herzen Liebe zu jeder Schändlichkeit.

Ich sage Ihnen: Auch in Ihrem Herzen ist die Anlage zu jeder Schändlichkeit.

David sah in seinem eigenen Herzen verzweifelte Gottlosigkeit. Er konnte den David nicht mehr rühmen. Er konnte auch die Menschen nicht mehr rühmen.

Als David diesen Psalm dichtete, da hatte er die grauenvollste Ungerechtigkeit erlebt. Er erfuhr sie durch König Saul, dem er gedient und den er geliebt hatte. Der hat ihn verfolgt, listig und gemein. Und da ist ihm der Glaube an Menschen zerbrochen.

Jetzt sage ich Ihnen: Erst wem der Glaube an sich selbst zerbrochen ist und der Glaube an die ganze Menschheit zerbrochen ist, der versteht, was das für ein Jubelschrei ist: „Doch, Herr, meine Seele soll sich rühmen des Herrn." Ich versinke jetzt nicht in Pessimismus; da ist ein Heiland, Jesus.

Mit dem naiven Lebensoptimismus unserer Tage versteht man die Bibel ja überhaupt nicht. Mit dem dummen Geschwätz: „Man muß an den Menschen glauben, an sich selbst, an das Gute, an die Großmutter, an den Omnibus." Damit kommt man in der Bibel nicht weiter.

Nein, wir müssen die Realitäten sehen. Wir zerbrechen an uns selbst und an den Menschen, wenn wir auf Gott sehen.

Dagegen steht dann: „Meine Seele soll sich rühmen des Herrn." Da ist einer.

Sehen Sie, das ist Konsequenz im Denken.

Wir sagen: „Wir sind Christen. Natürlich sind wir Christen. Wir sind sogar davon überzeugt. Rühmen? Natürlich, wir rühmen doch Jesus. Selbstverständlich sind wir christlich. Wir rühmen aber auch uns selbst, wir rühmen alle möglichen Leute, und unter Politik verstehen wir, daß wir irgendeinem Politiker hörig sind. Und Jesus auch, natürlich."

David sagt: „Meine Seele soll sich rühmen des Herrn."

Jesus allein, das habe ich begriffen. Anders kann ich von ihm gar nicht reden. Ich will ihn wirklich in den Mittelpunkt stellen, oder ich gebe es auf.

David kann etwa so sagen, wenn ich es auslege: „Ich habe vor Gott entdeckt, daß mein Leben unrein ist. Aber dieser Jesus, der am Kreuz starb, ist meine Gerechtigkeit. Ich habe nichts vor Gott zu bringen als nur ihn. Ich bin ein Versager. Ich bin jetzt überall fertig, wo ich hier den Psalm dichte. Jesus liebt mich. Ich sitze in der Wüste auf einem Stein, habe nichts mehr, während ich den Psalm dichte. Aber Jesus kennt mich und liebt mich. Ich kann nicht mehr an Menschen glauben. Sie haben mich grauenvoll enttäuscht. Aber Jesus enttäuscht mich nicht. Er lehrt mich, die Menschen zu lieben.

Wenn jemand anfängt, die Menschen zu verachten, dann frage ich: „Was bist denn du für eine Type?“

Jesus lehrt mich, die Menschen zu lieben, an denen ich zerbrochen bin.

„Meine Seele soll sich rühmen des Herrn.“

Ach, ich wünsche Ihnen allen diese Konsequenz im Denken unseres christlichen Glaubens.

Habe ich es mit Jesus zu tun? Fasse ich: „So sehr hat Gott die Welt geliebt, daß er seinen Sohn gab“, dann soll dieser Sohn mein Herr sein. Dann will ich nicht ruhen, bis ich ihn als die Offenbarung Gottes erkenne, bis ich in die Tiefe seiner Erkenntnis eindringe. Dann soll er mein Leben bestimmen.

Dritte Quelle: Erlebnis mit Jesus

Lassen Sie mich noch kurz ein Letztes sagen.

Ich nannte die Quellen der Freudigkeit. Ein gewissen Wissen um den Herrn, nicht um eine verworrene Religion. Klare Konsequenz im

Denken an dieser Stelle. Jesus, dann Jesus allein. Dann höre ich auf, noch anderes zu rühmen. Dann ist er die Freude meiner Seele.

Und nun das dritte: Freudigkeit kommt aus einer tiefen Erfahrung mit dem Herrn Jesus, aus einem Geheimnis mit dem Herrn Jesus, aus einem Erlebnis mit ihm.

„Meine Seele soll sich rühmen des Herrn."

Spüren Sie es? Zwischen den Zeilen spricht David es aus: Ich habe mit diesem Herrn Jesus ein gemeinsames Erlebnis, das mich an ihn bindet.

Und sehen Sie, als ich noch ein junger, unbekehrter Bursche war, da hat mich das bei Christen einfach geärgert, daß so reife, erfahrene Christen ein Geheimnis mit dem lebendigen Herrn hatten, den ich nicht kannte, in das ich nicht eindringen konnte.

Der wahre Christenstand hat dieses Geheimnis, diese Erfahrung mit dem Herrn. Hiob drückt es so aus: „Das Geheimnis des Herrn stand über meiner Rede."

Ich kann andern viel von meinem Geheimnis mit dem Herrn bezeugen. Worin besteht es?

Lassen Sie es mich an einem Beispiel deutlich machen.

Sehen Sie, ich bekomme jedes Jahr eine Postkarte oder einen Brief aus einem kleinen Nest weitab von der Bahn; ich glaube, da fährt noch nicht einmal ein Omnibus hin. Es liegt an der

Schweizer Grenze, hinter Waldshut, wo die Welt aufhört, wo Grenzgebiet ist: Aselfingen.

Kein Mensch von Ihnen weiß wahrscheinlich, wo Aselfingen ist. Das hat der Postminister sogar, glaube ich, in seinem Postleitzahlbuch vergessen.

Da kommt also jedes Jahr so ein Brief von einem Mann her, der hat ein kleines Lädchen, wie das so auf Dörfern ist. Da gibt es alles – vom Hering bis zu Peitschen für die Kühe.

Und wie kommt es, daß ich mit diesem Mann Kontakt habe?

Es war im Jahre 1915, da waren wir junge Soldaten im Krieg. Da schlägt plötzlich eine Granate mitten zwischen uns friedlich schanzenden Leute ein, die nichts Böses ahnten. Wir waren am Tag vorher angekommen; wir hatten keine Ahnung vom Krieg. Das war ein Schock. Die meisten waren tot.

Ich sehe noch einen Kameraden wegrennen. Ihm war der Unterkiefer weggeschlagen. Er schrie gurgelnd um Hilfe.

Ich fühlte mich ab: Ich bin heil! Aber ich spüre: Der nächste Schuß kann jeden Augenblick kommen, wenn die Batterie wieder gerichtet ist. Ich will auf und davon.

Und da treffen mich die Augen von einem Kameraden. Er war auch so ein junger Kerl von 18 Jahren. Er liegt da auf dem Feld; ihm ist das Bein zerschmettert. Er sieht mich nur an. Und – ich hatte doch solche Angst!

Ich bin nun wirklich kein Held, aber da bin ich doch hingekrochen; wir wurden ja offenbar vom Feind eingesehen. Dann ist dieser Kamerad auf meinen Rücken gekrochen, und ich bin mit ihm den Berg hinuntergerobbt, hatte ihn auf dem Rücken und wurde vom Blut dieses jungen Mannes überströmt.

Seitdem schreibt er mir jedes Jahr. Wir kommen nicht voneinander los. Wir sprechen nicht von dem Erlebnis, das ist schon viel zu lange her. Das ist uns beiden entschwunden. aber das hat uns verbunden!

Ich darf nun sagen: Genauso ist es zwischen David und dem Herrn Jesus, und so bezeuge ich es: zwischen mir und Jesus, Jesus und mir.

Ich lernte eines Tages das Feuer des Gerichtes Gottes kennen. Kennen Sie das nicht? Die Angst, daß man in die Hölle kommen kann – kennen Sie das nicht? Sind Sie so blind? Wissen Sie, daß der Zorn Gottes über uns, unseren Sünden, über unserer Selbstsucht, über unserem Egoismus, über unserem widerlichen Wesen steht? Auf einmal war das Feuer des Gerichtes Gottes über mir.

Aber dann kam Jesus und holte mich heraus und trug mich für Zeit und Ewigkeit aus dem Feuer des Gerichtes Gottes. Er hat am Kreuz meine Schuld weggetragen.

Es gibt ein Wort in der Bibel, das ist so schön, daß es in keiner anderen Literatur sonst stehen könnte: „Die Strafe liegt auf ihm, auf daß wir Frieden hätten."

Je älter ich werde, desto schöner kommt mir dieses Wort vor – nicht nur ästhetisch, sondern einfach inhaltlich –, daß es mich schwindlig werden läßt: „Die Strafe liegt auf ihm." Da stehen wir vor dem gekreuzigten Heiland mit der Dornenkrone. „Auf daß wir Frieden hätten."

Das ist die Quelle der Freudigkeit: Vergebung der Sünden durch Jesu Blut.

Wurschteln Sie nicht weiter, sondern ruhen Sie nicht, bis Sie das Feuer des Gerichtes Gottes kennengelernt haben, aber dann auch Vergebung der Sünden durch das Blut des Lammes empfangen, das am Kreuz starb. Das gibt Freudigkeit.

Ich schließe mit einem Freudigkeitsvers von Paul Gerhardt. Da zeigt er auf den gekreuzigten Herrn Jesus:

„Der, der hat ausgelöschet,
was mit sich führt den Tod.
Der ist, der rein mich wäschet,
macht schneeweiß, was blutrot.
In ihm darf ich mich freuen,
hab' einen Heldenmut,
darf kein Gerichte scheuen,
wie sonst ein Sünder tut."

Die auf ihn sehen

Ein unmöglliches Wort

„Die auf ihn sehen, werden erquickt, und ihr Angesicht soll nicht zuschanden werden.“

In diesen Tagen sind die Zeitungen voll mit Berichten und Bildern von Volksmassen, die dem General De Gaulle und Bundeskanzler Adenauer zujubeln. Sie haben sicher alle solche Bilder gesehen. Tausende von Menschen – alle schauen auf den einen: General De Gaulle.

Ich muß Ihnen sagen, daß diese Bilder bei mir einfach quälende Vorstellungen erwecken. Ich habe es in meiner Jugend erlebt, wie die Massen so dem Kaiser Wilhelm zugejubelt haben – wie alle auf den einen schauten. Ach, und wie sie Ebert dann zujauchzten und General von Hindenburg – es war immer dasselbe Bild. Als Adolf Hitler mit Mussolini nach Essen kam, war es wieder so.

Es packt mich oft die furchtbare Vorstellung, daß ich jetzt nur den Kopf Adenauers aus dem Bild ausschneiden und bei Hitler aufkleben muß, dann paßt das Bild, und alles ist völlig dasselbe.

Wird es Ihnen nicht auch unheimlich bei diesem Gedanken?

Es quälte mich noch ein anderer Gedanke

sehr. Immer wenn das anfing, das Geschreie, das Gejauchze und der Rausch, dann war der Weg nicht mehr weit bis zu Krieg, Trümmern und Untergang.

Es gibt ein Wort in der Bibel, das hat mich in den letzten Tagen ständig begleitet. Das heißt: „Verflucht ist der Mann, der sich auf Menschen verläßt und hält Macht für seine Stärke und mit seinem Herzen vom Herrn weicht."

Mit dem Herzen! Da kann viel kirchliches Dekor dabei sein – Bischöfe und Erzbischöfe aller Konfessionen –, und doch kann man mit seinem Herzen vom Herrn weichen.

Und sehen Sie, die ganze Zeit, wo ich jeden Morgen beim Lesen der Zeitung diese Gefühle hatte, bewegte mich der Text von heute: „Die auf *ihn* sehen" – da sind auch Menschen vorgestellt, die alle auf einen sehen. „Die auf ihn sehen, werden erquickt, und ihr Angesicht soll nicht zuschanden werden."

Dieses Wort stammt auch von einem Großen dieser Erde, der etwas davon wußte, wie es ist, wenn die Menschen jauchzen und er im Mittelpunkt steht. Das hat nämlich der König David gesagt. Der sagt: „Die auf ihn" – und wen meint er mit dem „ihn"?

Petrus sagte in der Pfingstpredigt, daß dieser König David ein Prophet war und sein Psalm von Jesus spricht, dem Sohn Gottes. „Die auf ihn sehen", sagte David. Also auf den, der ans Kreuz geschlagen ist, auf den Geächteten mit der Dornenkrone.

Es ist natürlich einfacher, wenn ich sehe, daß rote Teppiche für mich ausgerollt werden, und alle brüllen und jauchzen mir zu. Aber David sagt: „Die auf ihn sehen – den mit der Dornenkrone, den Ausgestoßenen –, werden erquickt und ihr Angesicht soll nicht zuschanden werden."

Das ist ein gewaltiges Wort, das ist ein Schlag ins Gesicht alles menschlichen Denkens. Dieses Wort gilt nicht nur am Sonntagmorgen, sondern es gilt für unser ganzes Leben, ja für die ganze Welt!

Ist das nicht ein unmögliches Wort? „Die auf ihn sehen – den Mann am Kreuz –, werden erquickt, und ihr Angesicht soll nicht zuschanden werden."

Kann man Jesus sehen?

Kann man denn Jesus überhaupt sehen? Haben Sie schon einmal Jesus gesehen? Gehört haben Sie schon viel von ihm, aber haben Sie ihn gesehen?

Sie werden mir doch sicher zugeben, daß der Apostel Paulus etwas vom Christentum verstand. Der hat selbst gesagt: „Wir wandeln im Glauben und nicht im Schauen." Wie kann denn da David sagen: „Die auf ihn sehen …?" Kann man denn Jesus sehen?

Wenn wir das Wort verstehen wollen, dann müssen wir ein anderes Wort des Paulus dazunehmen, nämlich das Wort aus dem zweiten Korintherbrief: „Wir sehen nicht auf das Sichtbare, sondern auf das Unsichtbare."

Nun gebe ich zu, daß für Kritiker der Bibel dieses Wort erst recht verwirrend ist. Was heißt das: aufs Unsichtbare sehen!? Das ist doch reiner Unsinn! Was meint denn Paulus damit: Wir sehen aufs Unsichtbare!?

Sie müssen verstehen, daß die Bibel noch andere Augen kennt als die Augen unseres Leibes, mit denen wir die sichtbare Welt sehen. Die Bibel spricht an verschiedenen Stellen von einem inwendigen Menschen. Und im Epheserbrief werden wir ermahnt, daß wir stark werden sollen am inwendigen Menschen.

Zum Starkwerden gehört offenbar, daß die Augen des inwendigen Menschen aufgetan werden. Darum geht es hier! Es müssen inwendige Augen aufgetan werden, wenn wir begreifen wollen, was damit gemeint ist, wenn David sagt: „Die auf ihn sehen …"

Wissen Sie etwas von inwendigen Augen?

Die Bibel sagt uns ganz deutlich: Von Natur sind unsere inwendigen Augen blind.

Ich will es Ihnen wörtlich sagen: „Der Gott dieser Welt – der Teufel – hat der Ungläubigen

Sinn verblendet, daß sie nicht sehen das helle Licht."

Diese Menschen geben dann auch noch an mit ihrer Blindheit und sagen, jetzt seien sie erst richtig helle geworden.

Das ist ein gewaltiger Ausspruch: „Der Gott dieser Welt hat der Ungläubigen Sinn verblendet, daß sie nicht sehen das helle Licht."

In der Offenbarung spricht der erhöhte Herr einmal mit Leuten, die sich für Christen hielten, aber in Wirklichkeit keine waren, und sagt: „Du sprichst: ‚Ich bin schon recht!' Und weißt nicht, daß du bist arm, jämmerlich, blind – blind! – und bloß."

„Die auf ihn sehen ..." Dazu gehören andere Augen als die, die immer schlechter werden und immer bessere Brillen brauchen. Dafür sind die Augen des inwendigen Menschen notwendig. Die müssen aufgetan werden; dann kann man Jesus sehen – „die auf ihn sehen ..."

Gehören Sie eigentlich schon dazu? Sie müssen sich doch klar darüber geworden sein, ob Sie dazu gehören oder nicht. Sind Ihnen die Augen für Jesus aufgetan, daß Sie ihn sehen, erkennen?

Wie wichtig das ist, das wird durch ein anderes Wort deutlich, das der Herr durch den Propheten Jesaja gesagt hat. Das heißt so: „Blickt auf mich, aller Welt Enden, so werdet ihr errettet."

Das heißt ja doch, daß ich verloren bin, solange mir die Augen nicht aufgetan sind, solange ich nicht Jesus sehen kann, den Gekreuzigten. Verloren!

Da können Sie soviel Geld haben, wie Sie wollen, da können Sie vital sein, wie Sie wollen, begabt sein, wie Sie wollen. Verloren! Unter Gottes Zorn.

„Blickt auf mich, aller Welt Enden“, ruft uns Jesus zu, „so werdet ihr errettet.“

Wie wichtig, daß uns die Augen aufgetan werden.

„Die auf ihn sehen ...“

Ich muß es doch noch einmal sagen, wer mit dem „ihn“ gemeint ist. Ich sage: Die Bibel muß durch die Bibel ausgelegt werden, und das Neue Testament sagt uns, David spricht in diesem Psalm von Jesus. Er war ein Prophet, heißt es da, und sah den Auferstandenen. Er spricht also von dem, durch den der unbekannte Gott zu uns gekommen ist, von Jesus.

Reden Sie nicht von Gott, ohne von Jesus zu reden. Der unbekannte Gott ist in Jesus zu uns gekommen.

Ich sehe gern auf Jesus; Gott hat mir die Augen aufgetan. Ich sehe ihn gern an.

Ich sehe zum Beispiel gern im Geiste, wie er im Sturm da im kleinen Schiff steht, die Arme ausgestreckt und zum Sturm sagt: „Sturm, verstumme!“ So sehe ich ihn gern, da ist er der Herr über alle Stürme.

Und ich sehe ihn auch gern, wie er den Lazarus aus dem Grabe ruft, sehe ihn gern, wie er den Aussätzigen, die jeder verstößt, die Hand aufs Haupt legt – seine barmherzige Hand. Alle anderen stoßen sie weg, aber er legt die Hand auf sie.

Ich sehe gern auf Jesus. Wie er die in die Gosse getretene Dirne aufhebt: „Dir sind deine Sünden vergeben."

Ich sehe gern, wie er in den Tempel geht und die Käufer und Verkäufer hinaustreibt und sagt: „Kapiert doch, daß es um Errettung geht und nicht um einen kirchlichen Laden!"

Oh, ich sehe Jesus gern, wie er aufersteht am Ostermorgen, so daß selbst starke Kriegsknechte ohnmächtig werden und Pilatus zittert.

Wenn Ihnen einer erzählt, das wäre nicht wahr, das Grab wäre nicht leer gewesen, dann kann ich die Bibel zuklappen; dann gibt es kein Christentum mehr.

Ich sehe Jesus gern, wie er von den Toten auferstanden ist.

Aber, meine Freunde, am liebsten sehe ich ihn an – merkwürdig –, wie er da am Kreuz hängt. „O Haupt voll Blut und Wunden, voll Schmerz und voller Hohn, o Haupt, voll Spott gebunden mit einer Dornenkron."

Ein Liederdichter, dem es auch so geht wie mir, der hat gesungen: „Alle Tage wird dies Bild schöner meinem Blick enthüllt."

Aber das ist doch nun merkwürdig, daß das Schönste da sein soll, wie er qualvoll in der Sonnenglut am Kreuz verendet.

Jesus am Kreuz

Kann denn der Anblick eines Gehängten erquikken?

Ich sagte: Ist das nicht ein unmögliches Wort: „Die auf ihn sehen, werden erquickt, und ihr Angesicht soll nicht zuschanden werden.“?

Wir hatten zunächst die Frage gestellt: Kann man ihn denn sehen?

Ich sage: Ja, wenn die Augen geöffnet sind.

Aber jetzt möchte ich eine weitere Frage stellen: Kann uns denn der Anblick eines Gerichteten erquicken? So sagte doch David: „Die auf ihn sehen“ – da spricht er von Jesus, dem Gekreuzigten. Kann einen das erquicken?

Sehen Sie, vor 30 Jahren wurde in Deutschland ein Buch viel gelesen und vor 25 Jahren noch mehr – da war es beinahe offiziell. Da sagte ein Mann: „Es wird höchste Zeit, daß endlich aus unserem Hirn und Herzen das Bild des Gerichteten von Golgatha entfernt wird. Denn“, so sagte der Mann – er hieß Alfred Rosenberg, und die Alten erinnern sich an ihn – „der Anblick eines Mannes, den alle Kraft verlassen hat – dieser Anblick macht uns doch weich, das zerrüttet doch unser Herz und unsere Sinne. Wie soll ein junger Mensch nicht von Komplexen geplagt werden, wenn ihm dieses Bild dauernd vor Augen gestellt wird?!"

Hatte dieser Mann nicht recht?

Wir haben das Kreuz so glorifiziert oder verniedlicht. Die Damen tragen es sogar am Goldkettchen um den Hals. Aber wenn Sie das einmal richtig ernst nehmen, was der Mann vom Gekreuzigten sagte, hat er nicht recht?

Aber lesen Sie bitte weiter, damit Sie nicht meinen und sagen: „Pastor Busch ist gegen das Kreuz Jesu."

Hatte der Mann nicht recht?

Passen Sie jetzt gut auf. Ich muß sagen: Wenn einem Menschen die Augen geöffnet werden, dann erlebt er tatsächlich erst einmal die Schrekken von Golgatha – und keine Erquickung.

Als ich zum erstenmal richtig mit klaren Augen Jesus am Kreuz sah, da wußte ich: Nicht die Römer haben ihn an das Kreuz geschlagen oder die Juden – dummes Zeug! Ich und meine Sünden haben ihn ans Kreuz geschlagen. „Nun, was du, Herr, erduldet, ist alles meine Last. Ich – ich habe es verschuldet, was du getragen hast", sagt Paul Gerhardt, der große Liederdichter, als er die Schrecken des Kreuzes erlebt.

Wenn Gott Ihnen die Augen auftut, meine lieben Freunde, und Sie sehen das Kreuz Jesu, dann kapieren Sie auf einmal: So viel ist mein

Leben wert, auf das ich so stolz war. Nur so viel, daß der Sohn Gottes dafür sterben mußte. Niederschmetternd! So viel ist mein Leben wert, daß der Sohn Gottes dafür sterben mußte.

Wie kann denn David sagen: „Die auf ihn sehen, werden erquickt.“?

Und doch, und doch, meine Freunde: Er hat recht! Denn der Trost, der vom Kreuze Jesu ausgeht, geht in einen Bereich unseres Inwendigen, den wir sträflich vernachlässigt haben, nämlich in unser Gewissen.

Was wissen Sie vom Gewissen?

Ich lese gerade einen modernen französischen Roman von Martin Durand, „Die Tibauts“. Das ist ein Riesenschmöker. Er schildert den Menschen, wie er ist: tapfer, phantastisch, tüchtig, einsam, im Grunde verloren in der Großstadt Paris, hungrig nach Liebe, immer verwirrt.

Das Erschütternde in diesem Buch ist: Auf 600 Seiten spielt das Gewissen überhaupt gar keine Rolle. Es kommt gar nicht ins Bewußtsein.

Ich glaube, das könnte man in der ganzen modernen Literatur nachweisen. Ich weiß es nicht so genau, ich gehe nicht ins Kino, aber da ist es wahrscheinlich auch so.

Ein sträflich vernachlässigter Bereich unseres Inwendigen. Und doch haben wir alle ein Gewissen, doch ist Gott da, noch immer gelten seine Gebote.

Jede Übertretung seiner Gebote liegt wie ein

Stein auf unserem Gewissen – auch wenn wir es gar nicht wissen oder zugeben wollen. Wir laufen alle mit einem verwundeten Gewissen herum. Jede Sünde gegen Gott, jede Übertretung seiner Gebote ist eine Wunde im Gewissen – auch bei denen, die vom Gewissen nichts wissen wollen und nicht zugeben, daß sie eines haben. Hier liegt das Elend unseres Lebens.

In diesen vergessenen Bereich unseres Inwendigen hinein strömt der Trost, der vom Kreuz Jesu ausgeht. Denn der gekreuzigte Herr Jesus ist der einzige im Himmel und auf Erden, zu allen Zeiten und für alle Orte und Kontinente der einzige, der unser Gewissen heilen kann, weil er allein die Macht hat, Sünde zu vergeben.

Wenn ich Ihnen das nur einhämmern könnte! Für alle Erdteile und für alle Jahrhunderte und Jahrtausende ist Jesus der einzige, der die Macht hat, unser Gewissen zu heilen, weil er Sünde vergeben kann, weil er unsere Sünden selbst ans Kreuz hinaufgetragen hat. „Die Strafe liegt auf ihm, auf daß wir Frieden hätten …“

Wollen Sie nicht mit Jesus in Verbindung treten, ihm Ihre Sünden hinlegen und endlich Ihr Gewissen heilen lassen?

„Das Blut Jesu Christi macht uns rein von aller Sünde“, sagt die Bibel.

Ein tolles Wort! Vom Kreuz her klingt unablässig dieser eine Satz: „Dir sind deine Sünden vergeben.“

Aber ich muß das auch hören und zur Kenntnis nehmen, ich muß mit meinen Sünden zum Kreuz kommen und nicht sagen: „Ich bin rein!" Dann dringt der Ruf nicht durch die Schicht, die unser Gewissen so hart gemacht hat.

Hier ist Jesus, der Gekreuzigte, und sein Kreuz – das Tor zu einem neuen Leben, wo man mit geheiltem Gewissen im wirklichen Frieden mit Gott leben kann.

Zuviel versprochen?

Ganz am Anfang haben wir das Thema behandelt: Ist das nicht ein unmögliches Wort – „Die auf ihn sehen, werden erquickt, und ihr Angesicht soll nicht zuschanden werden."

Ist das nicht ein unmögliches Wort? Kann man denn Jesus sehen?

Ja, sagte ich, wenn die Augen offen sind.

Dann haben wir uns mit Jesus am Kreuz beschäftigt und gefragt: Kann denn der Anblick eines Gehängten tröstlich sein?

Jawohl, für das Gewissen, denn er hat meine Schuld weggetragen.

Jetzt wollen wir fragen: Wird in dem Wort nicht ein bißchen viel versprochen? „Die auf ihn sehen" – sehen, das kann doch jeder –, „deren Angesicht soll nicht zuschanden werden." Wird da nicht ein bißchen zuviel versprochen?

Für ernste Bibelleser darf ich sagen, daß es wörtlich heißt: „Die auf ihn sehen, deren Angesicht glänzt auf." Luther sagt: „... die werden erquickt." Ich glänze erst auf, wenn ich erquickt bin.

„Und ihr Angesicht, soll nicht zuschanden werden." Ist das nicht zuviel versprochen? Wenn es hier heißt: „... wird nicht zuschanden" – auf Jesus sehen: Du wirst nicht zuschanden.

Ach, meine Freunde, ich habe so viele Leute zuschanden werden sehen, zum Beispiel Millionäre in Frankfurt, die haben alles verloren. Goebbels, der einen Mund hatte, daß er Spargel quer essen konnte – er ist zuschanden geworden. Wieviel Leute habe ich zuschanden werden sehen, Leute mit Macht, Leute mit Redekunst.

Aber hier steht: „Die auf ihn sehen, werden nicht zuschanden." Das muß doch eine tolle Sache sein, nicht wahr? Ist das nicht zuviel versprochen?

Denken Sie mal an die Märtyrer. Sie haben auf Jesus gesehen, und dann wurden sie im römischen Zirkus von wilden Tieren zerrissen oder im Mittelalter von der Römischen Kirche auf dem Scheiterhaufen verbrannt. Oder heute in unserer Zeit: Sie wurden in den Konzentrationslagern zu Tode gequält. Sind sie nicht zuschanden geworden?

Im Jahre 1956, also noch gar nicht lange her,

sechs Jahre sind es jetzt, sind fünf junge amerikanische Missionare zum erstenmal in den Urwald von Ecuador zu dem wilden Stamm der Auca-Indianer eingedrungen. Sie hatte noch kein Weißer besucht, weil jeder wußte: Das bedeutet Tod.

Diese Missionare sind mit dem Flugzeug dort im Dschungel gelandet, haben erste Berührung mit den Indianern gehabt, und dann hat man sie an einem Fluß im Dschungel gefunden – alle fünf ermordet. Sind sie nicht zuschanden geworden?

In meiner Jugend gab es in Frankfurt einen Herrn de Noevely. Ich habe ihn noch gekannt. Er war ein prachtvoller Mann. Er hatte als junger Mann in Amerika seinen Heiland gefunden. Da brannte sein Herz, und er sagte: „Ich möchte Frankfurt für Jesus erobern." Ein übriggebliebenes Vereinshaus, so wie das Weigle-Haus, wo allerhand Leben pulsiert, das war alles – aber Frankfurt erobern? Keine Rede davon.

Ist er zuschanden geworden? Es sieht doch so aus, nicht wahr?

Überlegen Sie bitte einmal: Wenn wir jetzt in die Ewigkeit gehen könnten, den Schritt in die unsichtbare Welt, und mit diesen Leuten sprechen könnten, denn sie leben ja; Gott ist nicht ein Gott der Toten, sondern der Lebenden. Wenn Ihnen jemand erzählt: „Mit dem Tod ist alles aus!“ – Glauben Sie ihm den Schwindel nicht. Gott ist ein Gott der Lebenden.

Wenn wir jetzt den Schritt in die unsichtbare Welt tun und die eben genannten Leute einmal fragen könnten: „Seid ihr zuschanden geworden? Ihr habt doch auf Jesus gesehen – seid ihr zuschanden geworden? Für uns sah das so aus.“

Dann würden sie antworten: „Wohl hat der Herr durch unsere Pläne oft einen dicken Strich gemacht. Das darf er ja auch, denn wir haben uns ihm auf Leben und Tod ausgeliefert. Es ist ja charakteristisch für den Christenstand, daß man auf Leben und Tod dem Herrn gehört und ihm Blankovollmacht über sein Leben gibt. Da durfte er auch einen Strich durch unsere Pläne machen. Aber zuschanden geworden“, würden sie sagen, „nein, nein, das sind wir niemals!“

Die Auca-Missionare würden sagen: „Weißt du, daß sechs Jahre später die ersten Christen unter den Aucas getauft worden sind? Wir waren ein Samenkorn, das in die Erde gelegt wurde, und nun kam die Frucht. Nein, zuschanden geworden sind wir nicht!“

Sie würden sagen: „Wenn wir zu klein waren für seine großen Wege, dann hat er uns sein Kreuz vor Augen gestellt, und da wußten wir: Wir sind erkauft und erlöst und gehören ihm. Damit ist alles gut.

Als er ernst wurde und ans Sterben ging, da wurden wir nicht zuschanden. Da nahm er uns an der Hand und führte uns nach Hause.

Menschen verrecken, Menschen fahren zur Hölle, aber wir nicht. Er nahm uns an der Hand und führte uns nach Hause. Nein, wir sind nicht zuschanden geworden.

Auch wenn das große Gericht kommt, werden wir nicht zuschanden, weil wir dem gehören, der alle Sünde in die Tiefe des Meeres geworfen hat. Ihm gehören wir. Wir werden im Gericht Gottes, wo Millionen zuschanden werden, nicht zuschanden werden. Nein, und wenn es noch so ernst wird – sein Wort ist wahr."

Aber, meine lieben Freunde, wir brauchen gar nicht in die Ewigkeit zu gehen. Sie dürfen hier fragen: Sie dürfen mich fragen: „Pastor Busch, bist doch nun ein alter Kerl geworden. In deiner Jugend, vielleicht am fünften Tag deines Hierseins, hat ein blinder Mann dir dies Wort gesagt: ‚Die auf ihn sehen, werden erquickt.' Dale Duckson, nicht? ‚Die auf ihn sehen, werden erquickt, und ihr Angesicht wird nicht zuschanden werden.' Hat dir einen tollen Eindruck gemacht! Und nun bist du seit vierzig Jahren Pfarrer, hat dich dieses Wort begleitet. Bist du zuschanden geworden?"

Da sage ich: „Ich habe in Gefängnissen gesessen in Essen, ich habe Feindschaft und Spott und Niederlagen und alles mögliche erlebt, aber zuschanden geworden? Nein, nein, nein! David hat recht!"

Und ich wünsche Ihnen von Herzen, daß Sie dieses Wort wirklich erleben und erfahren: „Die auf ihn sehen – wie er für mich am Kreuz hing, so daß mir die Augen aufgetan sind –, werden erquickt, und ihr Angesicht wird nicht zuschanden." Nie!

Weitere Bücher mit Ansprachen von Wilhelm Busch:

Jesus – unsere einzige Hoffnung

- Wie lebe ich richtig?
- Wir begleiten den Apostel Paulus
- Die Geschichte von den drei Türen
- Gott wirbt um uns
- Das Gleichnis vom falschen Bogen
- Jesus enttäuscht nie
- Angekommen auf Golgatha
- Wenn man Jesus findet

Taschenbuch, 124 Seiten
Bestell-Nr. 15 637

Jesus – unser Friede

- Der Vogel hat ein Haus gefunden
- Geht es nicht auch ohne Ehe?
- Wie kann Gott das zulassen?
- Drei Stimmen zur Buße
- Herr, sende dein Licht!
- Wie komme ich zum Frieden meiner Seele?

Taschenbuch, 122 Seiten
Bestell-Nr. 15 155